Thomas Schiffer
Auf Römerwegen durch die Eifel

Thomas Schiffer

Auf
Römerwegen
durch die Eifel

5. Auflage 2018
Thomas Schiffer, Auf Römerwegen durch die Eifel
Regionalia Verlag
ein Imprint der Kraterleuchten GmbH, Lindenstraße 4, 54550 Daun

Einbandgestaltung: Beata Salanowsky für agilmedien, Niederkassel
Layout und Satz: paquémedia, www.paque.de

Gedruckt in der Europäischen Union, Finidr, CZ

ISBN 978-3-939722-47-2

www.regionalia-verlag.de

Inhalt

I Einleitung

Vor mehr als 2000 Jahren kamen die ersten Römer in die Eifel und ließen sich dort nieder. Dabei handelte es sich zunächst um Soldaten, später um Bauern, Handwerker und Händler. Die Neuankömmlinge vermischten sich im Laufe der Zeit mit der einheimischen Bevölkerung, die aus verschiedenen gallischen und germanischen Stämmen bestand. Obwohl das Zusammenleben von Römern, Galliern und Germanen in der Eifel anfänglich stark durch militärische Auseinandersetzungen geprägt war, setzten sich schon bald die Errungenschaften der römischen Zivilisation mit ihren unbestreitbaren Vorteilen durch. Dazu gehörten, neben einer leistungsfähigen Wasserversorgung und verschiedenen kulturellen Einrichtungen, wie Thermen und Amphitheatern, nicht zuletzt ein ausgebautes Wege- und Straßennetz. Es bildete sich schließlich eine eigenständige gallisch-römische Kultur heraus, die ihre Blütezeit vom Ende des ersten bis zum Beginn des dritten Jahrhunderts n. Chr. hatte. In dieser Zeit entstanden zahlreiche bedeutende römische Bauwerke, deren Reste sich in der Eifel an vielen Stellen bis heute erhalten haben.

Das Interesse an der römischen Geschichte der Eifel ist in den letzten Jahren stark gewachsen. Im Zuge dieses Interesses wurden viele fast vergessene römische Baudenkmäler wiederentdeckt und gründlich erforscht. Sie sollen der Öffentlichkeit zukünftig besser bekannt gemacht werden, um das Bewusstsein für das reiche kulturelle Erbe der Region zu stärken. In diesem Zusammenhang sollen die Zugänglichkeit und die Erläuterung der römischen Baudenkmäler

deutlich verbessert werden. Von besonderer Bedeutung ist dabei das Projekt „Erlebnisraum Römerstraße", ein Zusammenschluss verschiedener Kommunen, die es sich zum Ziel gesetzt haben, die drei bedeutendsten römischen Verkehrswege im Rheinland und der Eifel wieder sichtbar und erlebbar zu machen. Dazu zählen, neben der von Trier nach Köln führenden Agrippastraße, die von Köln nach Boulogne-sur-Mer führende Via Belgica und die entlang des Rheins verlaufende Limesstraße, die Via Romana.

Bei der Erschließung des römischen Erbes in der Eifel kommt den Wegen und Straßen eine besondere Bedeutung zu, da sie die beachtliche politische und wirtschaftliche Entwicklung der Region in der Römerzeit überhaupt erst möglich machten. Die alten Römerwege verbanden nicht nur die zahlreichen römischen Siedlungen, Landgüter, Bergwerke und Tempel in der Eifel, sondern auch

Rekonstruktion einer Römerstraße auf einem Verkehrskreisel in Hürth

8

europäische Regionen, und ermöglichten dadurch einen fruchtbaren kulturellen Austausch. Die Agrippastraße beispielsweise verband bereits vor etwa 2000 Jahren die Eifel mit Südfrankreich und somit dem gesamten Mittelmeerraum. Das brachte eine vergleichsweise abgelegene Region wie die Eifel in den Genuss von römischer Kultur und Zivilisation. Auf der anderen Seite ermöglichte die Agrippastraße den Export von Rohstoffen und Waren aus der Eifel bis in das Zentrum des Römischen Reiches.

Viele der alten Wege und Straßen der Römer in der Eifel wurden im Laufe von 2000 Jahren immer wieder verändert und den aktuellen Bedürfnissen angepasst. Dabei verloren einige Wege schlichtweg an Bedeutung, wurden nicht mehr unterhalten und mit der Zeit zerstört. Andere Verkehrswege wurden von den Römern aber auch so gut gewählt, dass man auf ihnen später moderne Straßen baute. So verläuft manche Bundes- und Landstraße in der Eifel heute auf einer alten Römerstraße. Schließlich haben sich einige antike Wege bis heute erhalten und können wie zu Römerzeiten begangen werden. Einige der wichtigsten dieser Wege sowie die an ihnen liegenden römischen Sehenswürdigkeiten sollen im Folgenden nun vorgestellt werden. Dabei beschränkt sich das vorliegende Buch nicht streng auf die Eifel, sondern bezieht auch die unmittelbar angrenzenden Gebiete mit ein. Dieses Vorgehen ist der Tatsache geschuldet, dass die wichtigsten Verkehrswege der Eifel weit über die eigene Region hinausgingen und Teil eines großen europäischen Straßennetzes waren.

1 Die Römer in der Eifel

In der Mitte des 1. Jahrhunderts v. Chr. versuchte das Römische Reich seinen Machtbereich auch auf Spanien, Frankreich und die Gebiete nördlich der Alpen auszudehnen. Zu diesen Gebieten zählte auch das Rheinland, das in dieser Zeit von verschiedenen galli-

schen und germanischen Stämmen wie beispielsweise den Treverern oder den Ubier bewohnt war. Als es zu Machtverschiebungen zwischen den einzelnen Stämmen kam, nahm der römische Feldherr Julius Cäsar dies im Jahr 58 v. Chr. zum Anlass, um mit seinen Truppen nach Gallien zu marschieren. Dort führte er in den folgenden Jahren mehrere Kriege gegen die Gallier und Germanen. Dabei wurden die linksrheinischen Stämme vernichtend geschlagen und deren Bevölkerung teilweise, wie im Fall der Eburonen, fast ausgerottet. Allerdings scheiterte der Versuch Cäsars, das römische Einflussgebiet auch über den Rhein hinaus auszudehnen.

Trotz des militärischen Sieges über die linksrheinischen Völker war die römische Herrschaft über dieses Gebiet noch lange nicht gesichert. Erst unter Kaiser Augustus gelang gegen Ende des 1. Jahrhunderts v. Chr. die Sicherung der Rheinlande und deren Eingliederung in das Römische Reich. Allerdings mussten die Römer in dieser Zeit allmählich erkennen, dass ihr ursprünglicher Plan der Ausdehnung des römischen Machtbereiches bis an die Elbe nicht zu verwirklichen war. Spätestens nach der verlorenen Varusschlacht im Teutoburger Wald im Jahr 9. n. Chr., die mit dem Tod von etwa 20.000 römischen Soldaten endete, und der letzten rechtsrheinischen Feldzüge des Germanicus Julius Caesar im Jahr 15 n. Chr. gaben die Römer die Eroberung des Gebietes östlich des Rheins auf und bauten den Fluss als dauerhafte Grenze aus.

Trotz immer wiederkehrender Aufstände und Kriege gegen Gallier und Germanen sowie innerrömischer Auseinandersetzungen setzte in der zweiten Hälfte des ersten Jahrhunderts eine positive politische und wirtschaftliche Entwicklung im Rheinland ein. Diese erreichte im 2. Jahrhundert ihren Höhepunkt, was sich in zahlreichen Gründungen von Gehöften, Wirtschaftsbetrieben und Siedlungen in der Region zeigte. Erst ab der Mitte des 3. Jahrhunderts wurde die positive Entwicklung der Eifel durch gewaltsame Vorstöße der Franken und die folgenden kriegerischen Auseinandersetzungen mehr und mehr behindert und schließlich beendet. Im 5. Jahrhundert endete die römische Herrschaft am Rhein endgültig und die Franken übernahmen die Macht.

Die Eifel war zu Beginn der römischen Herrschaft dicht bewaldet und nur dünn besiedelt. Erst gegen Ende des 1. Jahrhunderts n. Chr. nahm die Bevölkerung allmählich zu. Neben römischen Soldaten und ihren Familien wurden in dieser Zeit auch römerfreundliche Germanenstämme im linksrheinischen Gebiet angesiedelt. Außerdem wurde die Infrastruktur in der Eifel weiter ausgebaut und an den römischen Standard angepasst. Dabei waren es zunächst Militärstationen, die zur Sicherung der neuen Gebiete angelegt wurden und in der Folgezeit Handwerker, Händler und Bauern anzogen.

Römische Siedlungen entstanden meist im Umkreis der Militärlager, aber auch in der Nähe von Bergwerken oder bedeutenden Heiligtümern. Außerdem siedelten sich an wichtige Verkehrsknotenpunkten oder Straßenstationen häufig Menschen an, so dass sich auch an diesen Stellen kleinere dorfähnliche Siedlungen entwickeln konnten. Schließlich existierten in der Eifel auch reine Gewerbesiedlungen, deren Bewohner sich schwerpunktmäßig mit der Keramik- oder Ziegelherstellung beschäftigten. Neben zahlreichen kleineren Siedlungen und einigen wenigen größeren Ortschaften entstanden unter römischer Herrschaft zwei große Städte – Colonia Augusta

Landseite der Porta Nigra in Trier

Darstellung von Teilen der Innenseite eines römischen Kastells

Treverorum, das heutige Trier, und Colonia Claudia Ara Agrippinensium, das heutige Köln. Beide Städte besaßen in römischer Zeit eine große wirtschaftliche und politische Bedeutung, die weit über die engen geografischen Grenzen der Eifel hinausging. Trier war zeitweise sogar Kaiserstadt, wovon heute noch zahlreiche erhaltene römische Baudenkmäler in der Stadt zeugen. Aber nicht nur in den Städten, auch auf dem Land konnten imposante Bauwerke entstehen. Das beste Beispiel ist die römische Wasserleitung, die das antike Köln mit Wasser aus der Eifel versorgte. Sie war eines der längsten Aquädukte des römischen Reiches und gilt als eines der größten Bauwerke der Antike nördlich der Alpen.

Zur Versorgung der Menschen in den Städten sowie der Soldaten in den Kastellen und Militärlagern entstanden in der gesamten Provinz auf dem Land landwirtschaftliche Höfe, die *villae rusticae*. Manche wurden von der römischen Armee bzw. vom römischen Staat betrieben. Daneben gab es zahlreiche Höfe in privater Hand, bewirtschaftet von römischen Veteranen oder romanisierten Galliern und Germanen. Diese waren teilweise aufwändig ausgestattet, mit Mosaiken, Fußbodenheizungen und Bädern. Die *villae rusticae* bestanden aus einem Herrenhaus sowie einem Wirtschaftsbereich, zu dem wiederum aus Speicher, Scheunen und Ställe gehörten. Die landwirtschaftlichen Erzeugnisse dienten dabei nicht nur der Versorgung der lokalen Bevölkerung, sie wurden bis ins römische Kernland nach Italien exportiert. Neben dem Anbau von Getreide und

*Das nordwestlich
von Bad Homburg
gelegene Kastell
Saalburg war Teil
des Obergermanisch-
Raetischen Limes*

der Viehzucht hatte vor allem der Anbau von Wein an der Mosel
eine große Bedeutung.

Handwerker ließen sich anfangs vor allem im Bereich der Militärlager nieder, wo sie für den Bedarf des Militärs produzierten. Zusätzlich siedelte sich Gewerbe in der Umgebung der Städte und in den Siedlungen auf dem Lande an. Dort richteten viele Gutshöfe eigene Backöfen, Metallschmelzen, Schmieden, Töpfereien und ähnliche Werkstätten für den Eigenbedarf ein. Später produzierten sie in einigen Fällen auch für Außenstehende, was ihnen eine wichtige Nebenerwerbsmöglichkeit bot. Die handwerklichen Fähigkeiten waren in den Provinzen entlang des Rheins hoch entwickelt. Das betraf vor allem das Schmiedehandwerk, die Glasherstellung und das Töpferhandwerk. Der Verkauf der Produkte geschah in der Regel durch die Handwerker selbst in ihrer Werkstatt. Auf dem Land wurden in Siedlungen, die das Marktrecht besaßen, regelmäßig Wochenmärkte abgehalten, auf denen sich die umliegende Bevölkerung mit den Dingen des täglichen Bedarfs versorgen konnte.

Die Eifel war reich an Bodenschätzen, Rohstoffen und Baumaterialien. So konnte in der Umgebung von Bad Münstereifel, Blankenheim und Nettersheim Eisenerz abgebaut werden. In der Gegend um Mechernich wurden Blei- und um Nettersheim herum Kupfervorkommen abgebaut. Brennmaterial stand überall in der Eifel in ausreichender Menge in Form von Holz oder sogar Steinkohle zur Verfügung. Letztere wurde schon zur Römerzeit im Aachener Raum gewonnen. Schließlich wurden in der Eifel mineralische Stoffe abgebaut, wie beispielsweise Quarzsande, was die Entstehung eines bedeutenden Glasgewerbes in der Region ermöglichte. Insbesondere Köln wurde in diesem Zusammenhang weit über die Grenzen der Region für seine Glasprodukte bekannt. In der Eifel existierten darüber hinaus größere Tonvorkommen, so dass in zahlreichen Siedlungen Töpfereien gegründet werden konnten. Nachdem die Römer die Steinbauweise im Rheinland bekannt gemacht hatten, spielte die Eifel auch als Steinlieferant für Nieder- und Obergermanien eine große Rolle. Dabei wurden neben Steinen für Gebäude auch Steine für die Pflasterung von Straßen oder Mahlsteine gebrochen. In der nördlichen Eifel wurde außerdem in größeren Mengen Kalk produziert, der ebenfalls für das Baugewerbe benötigt wurde. Davon zeugen heute noch die erhaltenen Reste einer Kalkfabrik in Bad Münstereifel-Iversheim, die zu den bedeutendsten archäologischen Fundstätten für die Wirtschaftsgeschichte der Römerzeit nördlich der Alpen gilt.

2 Kurze Darstellung der römischen Geschichte

58 bis 51 v. Chr.

Der römische Staatsmann und Feldherr Julius Caesar betrachtet Gallien als römisches Einflussgebiet. Der Rhein bildet für ihn eine natürliche Grenze zwischen dem römischen und dem Siedlungsgebiet der Germanen. Als es im Jahr 58 v. Chr. zu innergallischen Stammeskonflikten kommt und die Sicherheit des Römischen Reiches bedroht scheint, nimmt Caesar dies zum Anlass, mit seinen Truppen in Gallien einzumarschieren. Innerhalb einiger Jahre erobert er das gesamte gallische Gebiet bis zum Rhein. Dabei wird der Stamm der Eburonen fast vollständig vernichtet.

38 v. Chr.

Nach dem Abzug von Julius Caesar kann die römische Herrschaft in Gallien zunächst nicht gefestigt werden. Es kommt wiederholt zu Revolten und Aufständen gegen die römischen Besatzer. Als Marcus Vipsanius Agrippa Statthalter in Gallien wird, kümmert dieser sich in erster Linie um die Sicherung der Rheingrenze. Dazu siedelt er den rechtsrheinisch lebenden Stamm der Ubier auf der linken Rheinseite an. Es entsteht das *Oppidum Ubiorum*, der Vorläufer des heutigen Kölns. Vermutlich entwickelt Agrippa bereits in dieser Zeit erste Konzepte für die Erschließung und wirtschaftliche Entwicklung Galliens.

27 v. Chr.

Der Ermordung Julius Caesars folgt ein jahrelanger Bürgerkrieg, den schließlich Gaius Oktavius für sich entscheiden kann. Er wird Alleinherrscher im Römischen Reich und erhält den Ehrennamen Augustus. Es folgt eine Periode des relativen Friedens und der politischen und wirtschaftlichen Stabilität.

19. v. Chr.

Marcus Vipsanius Agrippa wird zum zweiten Mal Statthalter in Gallien und setzt die Erschließung und wirtschaftliche Entwicklung Galliens fort. Von großer Bedeutung sind dabei der Ausbau des gallischen Straßennetzes und die strategische Gründung von Siedlungen. Der Mittelpunkt des römischen Straßennetzes wird Lyon, von wo aus mehrere Verbindungen nach Gallien führen. Eine wichtige Straßenverbindung wird die Agrippastraße, die von Lyon über Metz und Trier bis nach Köln führt.

18./17. v. Chr.

Nachdem die Römer bereits 30. v. Chr. auf dem Petrisberg für kurze Zeit ein Militärlager errichtet hatten, gründen sie *Augusta Treverorum*, das heutige Trier. Die Benennung der Siedlung nach Kaiser Augustus bedeutet eine besondere Ehre, die sonst nur einigen wenigen anderen römischen Städten zuteil wurde.

16. v. Chr.

Die römischen Truppen erleiden unter Führung des römischen Statthalters Marcus Lollius nördlich von Bonn eine Niederlage gegen die Stämme der Sugambrer, Tenkterer und Usipeten. Erstmals

werden römische Truppen am Rhein stationiert, unter anderem in Bonn. Aufgrund der ständigen Übergriffe der rechtsrheinischen Germanen setzt sich auf römischer Seite schließlich die Überzeugung durch, die Ostgrenze vom Rhein an die Elbe zu verlegen, um eine Art Pufferzone für die Sicherung der linksrheinischen Gebiete zu schaffen.

15 bis 13 v. Chr.

Kaiser Augustus hält sich in Gallien und am Rhein auf, wo er versucht, das Problem der ständigen Übergriffe der Germanen, die zudem von linksrheinischen gallischen Stämmen unterstützt werden, persönlich zu regeln. Es entstehen weitere Truppen- und Nachschublager, unter anderem auf dem Titelberg bei Trier. Als Kaiser Augustus Gallien verlässt, überlässt er das Oberkommando der in Gallien stationierten Truppen seinem Stiefsohn Nero Claudius Drusus.

12 bis 9. v. Chr.

Nero Claudius Drusus unternimmt vier Feldzüge in das rechtsrheinische Gebiet und dringt bis an die Elbe vor. Auf dem Rückmarsch verunglückt er bei einem Reitunfall tödlich. Sein älterer Bruder Tiberius Claudius Nero übernimmt das Oberkommando der Truppen und schließt die große militärische Offensive gegen die Germanen ab. In Rom zieht Tiberius im Triumphzug durch die Stadt.

9 n. Chr.

Der römische Statthalter in Gallien, Publius Quinctilius Varus, zieht mit drei Legionen in das rechtsrheinische Gebiet, wo es in den Jahren zuvor wiederholt zu Kämpfen gegen verschiedene germani-

sche Stämme gekommen ist. Unter der Führung des Cheruskers Arminius wird Varus allerdings vernichtend geschlagen. Durch die Niederlage wird etwa die Hälfte der römischen Rheinarmee mit einem Schlag ausgelöscht. Die Römer reagieren mit einer stärkeren Sicherung der Rheingrenze durch die Anlage weiterer Kastelle in Koblenz und Andernach.

15 n. Chr.

Unter der Führung von Germanicus Julius Caesar wird ein letzter Versuch unternommen, die rechtsrheinischen Gebiete zu erobern. Doch auch diese Offensive bringt nicht den gewünschten Erfolg. Tiberius, der zwischenzeitlich zum römischen Kaiser ernannt wurde, gibt den Versuch der Eroberung Germaniens endgültig auf und bestimmt den Rhein als Ostgrenze des römischen Reiches.

21 n. Chr.

Die Eroberungsfeldzüge nach Germanien waren unter anderem durch Abgaben der Einwohner in Gallien finanziert wurden. Aufgrund dieser Belastung kommt es zum Aufstand verschiedener gallischer Stämme, darunter auch der Treverer. Da der Aufstand aber unkoordiniert verläuft, kann er schnell niedergeschlagen werden.

41 n. Chr.

Unter Kaiser Claudius wird der Straßenbau links des Rheins weiter gefördert, um die schnelle Verschiebung von Truppen zu ermöglichen. In seine Regierungszeit fällt der Ausbau der Rheinstraße und der Verbindung von Köln nach Boulogne-sur-Mer. Der Ausbau des Straßennetzes hat aber nicht nur militärische Bedeutung, sondern ist auch wirtschaftlich wichtig. Neben Straßen werden Straßenpos-

ten und Rasthäuser errichtet. An vielen strategischen Verkehrsknotenpunkten entstehen in der Folgezeit kleinere Siedlungen und einige größere Ortschaften.

50 n. Chr.

Das *Oppidum Ubiorum* wird auf Betreiben der Kaiserin Agrippina, die dort geboren ist, zu einer *colonia*, einer Stadt römischen Rechts erhoben. Der neue Name der Siedlung lautet nun *Colonia Claudia Ara Agrippinensium*.

69 n. Chr.

Nach dem Tode von Kaiser Nero kommt es zu militärischen Auseinandersetzungen um dessen Nachfolge. Etwa 70.000 Soldaten der Rheinarmee werden abgezogen. Es folgt ein Aufstand der Bataver, die sich mit anderen gallischen und germanischen Stämmen in Niedergermanien verbünden. Erst nachdem sich Vespasian als Kaiser durchgesetzt hat, gelingt es diesem, den Aufstand niederzuwerfen. Es folgt eine der längsten nachweisbaren Friedensperioden im Rheinland.

85 n. Chr.

Der römische Heeresbezirk in Germanien wird in zwei Provinzen umgewandelt: die Provinz Niedergermanien (*Germania inferior*) mit der Hauptstadt Köln und die Provinz Obergermanien (*Germania superior*) mit der Hauptstadt Mainz.

259 bis 273 n. Chr.

Marcus Cassianus Latinius Postumus ruft ein gallisches Sonderreich aus, das von Spanien bis an den Rhein reicht und auch Britannien mit einschließt. Die Hauptstadt dieses neuen Reiches wird Köln, das Postumus zu einem zweiten Rom ausbauen will. Er setzt einen eigenen Senat ein und prägt eigenes Geld. Postumus gelingt es, sich bis 268 n. Chr. an der Spitze des Sonderreiches zu halten, dann wird er von seinen eigenen Soldaten erschlagen. Es folgen weitere „Kaiser", die sich aber alle nicht lange halten können. Dem rechtmäßigen römischen Kaiser Aurelian gelingt es schließlich, das gallische Sonderreich wieder unter die Kontrolle des Römischen Reiches zu bekommen.

276 n. Chr.

Die Franken stoßen in rechtsrheinisches Gebiet vor. Es kommt zu Plünderungen und Zerstörungen. Zahlreiche römische Kastelle und Militärlager werden zerstört und auch in der Folgezeit nicht wieder aufgebaut.

296 n. Chr.

Kaiser Constantius Chlorus, einer von vier Kaisern im Rahmen der von Diokletian eingeführten Tetrarchie, siedelt die Franken auf römischem Staatsgebiet an, die sich dafür an der Grenzsicherung beteiligen sollen.

306 bis 337 n. Chr.

Konstantin der Große befestigt nochmals die Rheingrenze. Er lässt in Köln eine Brücke über den Rhein bauen und in Deutz ein Kastell

errichten. Konstantin residiert zeitweise in Trier, das er ausbauen lässt. Aufgrund seiner Initiative entstehen bedeutende Bauwerke wie die Konstantinbasilika oder die Kaiserthermen. Konstantin erkennt das Christentum als Staatsreligion an. Für das Jahr 313 ist erstmals ein Bischof in Köln bezeugt.

350 bis 357 n. Chr.

Als das Römische Reich durch interne Streitigkeiten geschwächt ist, fallen die Franken in das linksrheinische Gebiet ein und dringen weit in das Hinterland vor. Weite Landstriche werden verwüstet und Köln sogar erobert.

395 n. Chr.

Das Römische Reich zerfällt in einen oströmischen und einen weströmischen Teil.

454 n. Chr.

Die Franken fallen ein weiteres Mal ins Rheinland ein und erobern Köln endgültig. Dieser Einfall markiert das Ende der römischen Herrschaft am Rhein. Auf dem ehemaligen römischen Staatsgebiet entstehen zahlreiche kleinere fränkische Fürstentümer.

475 n. Chr.

Nachdem das Rheinland im Verlauf des 5. Jahrhunderts wiederholt von Franken und Hunnen besetzt wird, gerät es schließlich endgültig in fränkische Hand.

3 Römische Wege durch die Eifel

Das römische Straßen- und Wegenetz

Bereits in vorrömischer Zeit gab es Handelswege zwischen Nord- und Südeuropa, die heute als „Bernsteinstraßen" bezeichnet werden. Neben verschiedenen Rohstoffen und Fertigprodukten wurde auf diesen Wegen hauptsächlich Bernstein von der Ostsee an das Mittelmeer transportiert. Dabei richteten sich die Straßen nach dem Verlauf der Flüsse und den natürlichen Gegebenheiten. Über den exakten Verlauf oder ursprünglichen Zustand der Bernsteinstraßen ist wenig bekannt. Vermutlich handelte es sich bei ihnen oftmals nicht einmal um eine genau festgelegte Wegstrecke im Gelände. Einige dieser alten Handelsstraßen wurden jedoch später von den Römern genutzt und ihren Bedürfnissen angepasst. Darüber hinaus wurden von den Römern zahlreiche neue Wege und Straßen angelegt. Zu Zeiten seiner größten Ausdehnung im 2. Jahrhundert n. Chr. war das Römische Reich von einem dichtem Straßennetz mit einer Gesamtlänge von mehr als 200.000 Kilometern durchzogen. Dieses Netz verband die Hauptstadt Rom mit allen Teilen des Reiches.

Die Größe und der Verlauf des römischen Straßennetzes wurden uns durch die Tabula Peutingeriana überliefert. In dieser von Konrad Peutinger (1465 – 1547) im 15. Jahrhundert angefertigten kartografischen Darstellung ist das spätrömische Straßennetz von den Britischen Inseln bis nach Zentralasien dargestellt. In der Karte sind neben den Straßenverbindungen auch alle wichtigen Verkehrsknotenpunkte, Etappenorte und sogar Raststätten eingezeichnet. Darüber hinaus enthält die Karte Entfernungsangaben zwischen den einzelnen Etappenorten. Peutingers Karte geht auf ein römisches Original aus dem 4. Jahrhundert zurück, dessen Autor leider unbekannt ist. Sie ist von großer kulturhistorischer Bedeutung und gilt

22

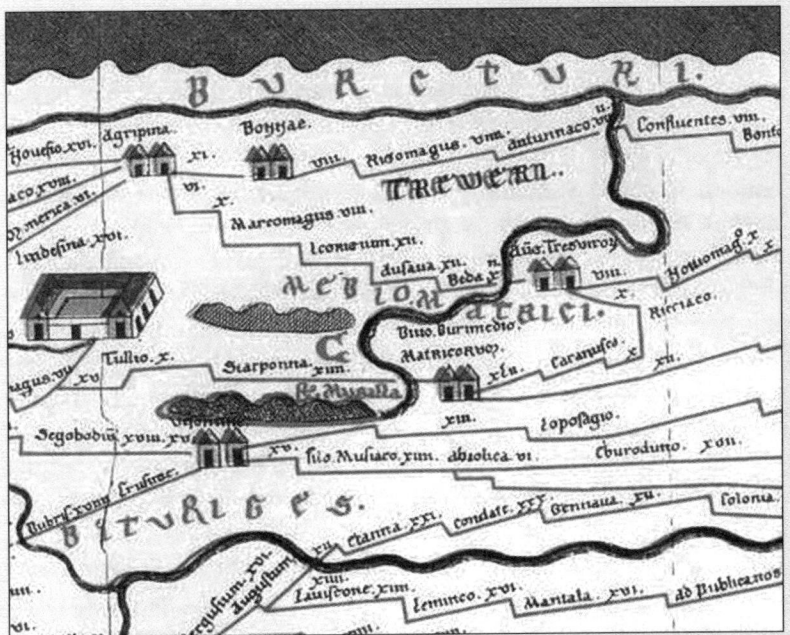

Ausschnitt der Tabula Peutingeriana, der das Gebiet zwischen Trier und Köln zeigt

als die wichtigste historische Quelle zum römischen Straßen- und Siedlungssystem. So zeigt die fast sieben Meter lange Karte etwa 200.000 Kilometer Straßen, über 500 Siedlungen und über 3.000 weitere Bauwerke wie Leuchttürme oder wichtige Heiligtümer.

Die römischen Straßen waren befestigt und das ganze Jahr über befahrbar, da ihr Zustand regelmäßig kontrolliert und auftretende Schäden repariert wurden. Die Straßen erfüllten verschiedene Funktionen und dienten vor allem der Verlagerung von Truppen, dem Transport von Waren und dem Nachrichtenaustausch. Darüber hinaus machten sie das Reisen über weite Entfernungen möglich. Dazu existierten entlang der Fernstraßen in regelmäßigen Abständen verschiedene Einrichtungen, die die Versorgung des Reisenden übernahmen. Neben Herbergen und Wirtshäusern handelte es sich bei diesen vor allem um Wechsel- und Versorgungsstationen für Pferde und Zugtiere. Für die Sicherheit auf den Straßen und den

Schutz des Reisenden vor Überfällen sorgten Polizeiposten und Wachstationen.

Die Römer unterschieden verschiedene Typen von Straßen. An erster Stelle standen die *viae publicae*. Diese wurde auch als praetorische oder konsularische Straße bezeichnet. Die *viae publicae* verbanden zum Teil weit auseinander liegende Gebiete. Oft wurden sie nach der militärischen Besetzung eines Gebietes angelegt, um dieses zu sichern und wirtschaftlich zu erschließen. Die *viae publicae* verliefen immer über öffentlichen Grund. Ihr Bau war Sache des römischen Staates, der auch die Finanzierung übernahm. Allerdings wurden die Kosten für die Instandhaltung an die Anlieger weitergegeben. Die Zuständigkeit für die Instandhaltungsarbeiten lag bei eigens dafür gewählten Beamten, den Straßenkuratoren. Diese waren aber vermutlich nur für die Straßen außerhalb der Städte zuständig. Für die städtischen Straßen waren wiederum andere Beamte, die Aedilen zuständig. Ein prominentes Beispiel einer *via publica* ist die berühmte Via Appia, die Rom mit der Hafenstadt Brundisium, dem heutigen Brindisi verband. Ein Sonderfall der *viae publicae* waren die Heeresstraßen, die *viae militares*. Weitere Typen von Straßen waren die privaten Straßen, die *viae privatae* und die Nebenstraßen, die *viae vicinales*, die kleine Ortschaften miteinander verbanden oder von diesen zu den Staatsstraßen führten.

Wie war der römische Straßenbau organisiert? Straßenbauarbeiten wurden auch in römischer Zeit an Unternehmer vergeben, die so genannten *mancipes* oder *redemptores*. Diese stellten für das jeweilige Straßenbauprojekt lokale Arbeitskräfte an oder griffen auf Sklaven oder Strafgefangene zurück. Es fehlen aber leider die historischen Quellen, mit deren Hilfe die Organisation des römischen Straßenbaus in allen Einzelheiten rekonstruiert werden könnte. Eine Besonderheit stellte aber mit Sicherheit der Straßenbau in den eroberten römischen Provinzen dar. Da es dort anfangs an zivilen Institutionen mangelte, wurden zunächst römische Soldaten für den Bau von Straßen eingesetzt. Dem römischen Heer kam dadurch eine wichtige Rolle für die Erschließung der neuen Provinzen zu. Diese Situation änderte sich erst, sobald eine zivile Struktur aufge-

Die Via Appia in der Nähe von Rom

baut war, die den Straßenbau übernehmen konnte. Allerdings ist belegt, dass Soldaten auch später noch in Friedenszeiten im Straßenbau eingesetzt wurden, um Meutereien zu verhindern.

Der Ausbauzustand der römischen Straßen konnte sehr unterschiedlich sein. In der Regel waren sie in der Nähe von großen Siedlungen am besten ausgebaut. Außerhalb der Zentren waren sie dagegen nur selten gepflastert. Neben der bereits genannten Stra-

25

ßenbezeichnung, die etwas über den rechtlichen Status einer Straße aussagte, gab es eine weitere Benennung, die Auskunft über ihren Zustand gab.

– *via terrena:* eine unbefestigte Erdstraße
– *via glarea strata:* Straße mit Schotterung oder Kiesdecke
– *via lapide strata:* Straße mit einem Belag aus Steinplatten oder Pflasterung

Straßenbautechnik

Der römische Straßenbau, der eine hochentwickelte Vermessungstechnik voraussetzte, gehört zu den größten Ingenieurleistungen der Antike. Vor Baubeginn einer neuen Straße musste immer zuerst der Trassenverlauf im Gelände festgelegt werden. Das stellte die Vermessungstechniker vor eine große Aufgabe, da man in römischer Zeit zwar Breiten-, aber keine Längengrade kannte. Dadurch konnte man die Richtung der Straße zwar ungefähr festlegen, ohne aber das Ziel genau lokalisieren zu können. Wie es die römischen Vermessungstechniker dennoch schafften, den idealen Streckenverlauf zwischen zwei Punkten zu finden, kann mangels Quellen ebenfalls nur vermutet werden. Aus antiken Beschreibungen sind einige Vermessungsgeräte der Römer bekannt, wobei leider keines dieser Instrumente erhalten blieb. Wir wissen aber, dass es Geräte für die Messung von Entfernungen und Winkeln sowie für das Nivellieren, das heißt dem Messen von Höhenunterschieden zwischen zwei Punkten, gab.

Römische Vermessungstechniker und Straßenbauer wählten für ihre Straßen nach Möglichkeit immer den kürzesten, geraden Weg. Auch die Agrippastraße verlief von Köln Richtung Trier zunächst geradlinig. Erst mit dem Erreichen der Eifel war eine solche geradlinige Streckenführung nicht mehr möglich. Hindernisse wie Berge mussten umgangen, Täler oder Flüsse durch- bzw. überquert werden. Alle Straßen und Wege mussten dabei so angelegt sein, dass sie auch von schwer beladenen Fuhrwerken zu bewältigen waren. Sie

durften daher keinesfalls zu steil sein. Auch war die doppelte Trassenführung in einzelnen Straßenabschnitten nicht ungewöhnlich. Dies war beispielsweise bei Straßen durch Niederungen der Fall, die während des Jahres zeitweise überflutet wurden. Für diese Zeit konnte eine parallel verlaufende Straße genutzt werden, die zwar länger, dafür aber trocken war.

Die Breite einer Straße konnte sehr unterschiedlich ausfallen, wobei die Mindestbreite vermutlich 2,4 Meter betrug – für eine zweispurige Straße 5,4 Meter. In den Provinzen lag die Straßenbreite meist zwischen fünf und sieben Meter, wobei die Maße auch hier erheblich schwankten. Für den Bau der Straße musste das vorgesehene Gelände gegebenenfalls gerodet und die Trasse ausgekoffert, das heißt, die oberen Bodenschichten abgetragen werden. Dann wurde diese mit mehreren Lagen Gestein aufgefüllt, die von unten nach oben immer feiner wurden. Zur Mitte waren römische Straßen dabei leicht aufgewölbt, was das Abfließen von Regenwasser ermöglichte und die Straße trocken hielt. Der Belag konnte aus Steinplatten oder aus Kies und feinem Sand bestehen, der durch Walzen zu einer festen Oberfläche verdichtet wurde. Manchmal wurden diese durch Lehm oder Mörtel zusätzlich verstärkt. In der Regel wurde immer das lokal verfügbare Gestein verwendet. In römischer Zeit waren lediglich die Ortsdurchfahrten gepflastert. Außerhalb der Ortschaften waren dagegen aus Kostengründen lediglich Kiesstraßen mit einer festgewalzten Oberfläche üblich. Für die Agrippastraße wurde allerdings sogar Quarz verbaut, der südlich der Mosel gewonnen wurde und bis in die Eifel transportiert werden musste.

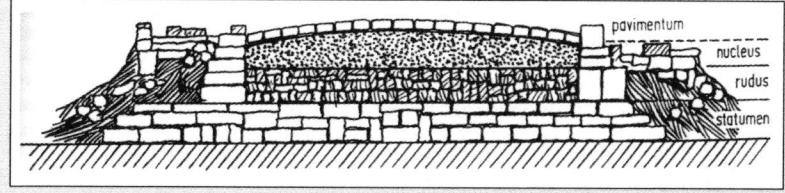

Darstellung eines möglichen römischen Straßenprofils

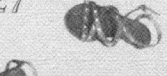

Freigelegtes Profil der Römerstraße von Trier nach Köln in der Nähe von Dahlem

Überwindung von Hindernissen

In flachem Gelände war der Straßenbau in der Regel unproblematisch und die Straßen konnten in der Regel schnurgerade angelegt werden. Lediglich feuchtes oder sumpfiges Gelände stellte die römischen Straßenbauer vor größere Herausforderungen. Dieses Problem trat im Bereich von Flüssen und Niederungen auf. Eine vergleichsweise einfache Lösung war die Anlage von so genannten Knüppel- oder Bohlenwegen. Dabei wurden links und rechts des Weges in Längsrichtung Holzschwellen verlegt, auf die man quer zur Wegrichtung Holzknüppel oder Bohlenbretter verlegte. Eine weitaus aufwändigere Möglichkeit war dagegen die Anlage eines Dammes. Dabei wurde zunächst wie üblich die Straße ausgekoffert, an den Straßenseiten aber zusätzlich Holz- oder Steinwände hochgezogen. Anschließend wurden Holzpfähle in die Straße gerammt und die verschiedenen Straßenlagen aufgetragen, bis der Bereich zwischen den Wänden verfüllt war. Schließlich wurden an den Seiten die Dammböschungen aufgeschüttet.

*Die Römerbrücke
in Trier*

In der Eifel trat aber meist ein anderes Problem auf: Berge und Täler mussten überwunden werden. In der Regel vermied man aufwändige Brücken- oder Tunnelbauten, indem man das Problem einfach umging. Wenn das nicht möglich war, wurde die Trasse so angelegt, dass Steigung und Gefälle zumindest so gering waren, dass sie auch noch von schweren Fuhrwerken bewältigt werden konnten. Steigungen waren dabei in der Regel aber weniger problematisch als ein zu starkes Gefälle. Da die antiken Fuhrwagen keine zuverlässig funktionierenden Bremsen hatten, konnten sie bei zu starkem Gefälle außer Kontrolle geraten und umkippen. Häufig wurden gefährliche Stellen daher durch einen Bergdurchbruch oder die Anlage von Serpentinen entschärft. Bei starken Steigungen und felsigem Untergrund wurden Geleisspuren und Treppen in den Fels gehauen, die den häufig unbeschlagenen Tieren und ihrem Führer den Aufstieg erleichtern sollten.

Im Gebirge legten die Römer auch Felsdurchstiche und Tunnel an, was aber sehr aufwändig war und daher nur vorkam, wenn es sich nicht vermeiden ließ. Man ging sogar soweit, dass man ganze

29

Straßen aus dem Fels haute. In der Eifel waren solche Maßnahmen aber nicht notwendig. Hier mussten vor allem Täler durchquert werden, was aber in einigen Fällen den Schutz der Trasse vor Hochwasser erforderte. Deshalb wurden Straßen in Talabschnitten häufig weiter vom Ufer entfernt angelegt, was dann allerdings die Gefahr des Abrutschens der Straße mit sich brachte. Für das Überqueren von Flüssen waren die Römer technisch in der Lage, auch größere Brücken zu bauen, was sie in Trier und Köln dann auch taten. Für die Bäche der Eifel waren aber keine Brückenbauten nötig, da man sie in der Regel an Furten überqueren konnte. Dabei kam es aber vor, dass das Bachbett an der Durchfahrstelle durch Pflastersteine, Steinplatten oder Steinsplitt befestigt werden musste, um den Fuhrwerken das Durchfahren des Baches zu erleichtern.

4 Unterwegs auf römischen Wegen

Reisende in der Antike

Reisen war in der römischen Antike nicht unüblich und kam häufiger vor, als allgemein angenommen wird. Allen voran nutzten Soldaten die Straßen, beispielsweise wenn sie in andere Gegenden des riesigen Reiches verlegt wurden. Bauern brachten mit schwer beladenen Fuhrwerken ihre Abgaben zum Grundherren oder fuhren landwirtschaftliche Produkte zum nächsten Markt. Händler brachten ihre Waren in die entlegensten Gegenden des Reiches und Handwerker zogen auf der Suche nach besseren Verdienstmöglichkeiten weit von zu Hause fort. Außerdem wurden sogar Bildungsreisen zu besonderen Stätten, Sehenswürdigkeiten oder Veranstaltungen durchgeführt. Insgesamt herrschte zumindest auf den

Darstellung eines römischen Reisewagens

Hauptverkehrsstraßen ein reges Treiben, wobei der Großteil der Reisenden zu Fuß unterwegs war.

Eine besondere Personengruppe, die auf römischen Straßen anzutreffen war, war die Gruppe der *militantes*, die im offiziellen römischen Auftrag reisten. Sie erhielten von der zentralen Behörde in Rom einen vom Kaiser unterschriebenen Passierschein, der ihnen unterwegs freie Unterkunft zusicherte, allerdings nur auf einer genau festgelegten Reiseroute. Den kaiserlichen Passierschein erhielten auch Mitglieder der Kurie und Angehörige des Militärs.

Unter Kaiser Augustus wurde ein staatlicher Kurierdienst geschaffen, der allerdings nur von bestimmten berechtigten Personen genutzt werden konnte. Außerdem war er an bestimmte Straßen, die *via publicae* gebunden. Dieser Dienst ermöglichte einen schnellen Austausch von Nachrichten zwischen Rom und den Provinzen. Der *cursus publicus* basierte auf dem Einsatz jugendlicher Boten, die Nachrichten über eine gewisse Strecke transportierten und dann an den nächsten Läufer wiedergaben. Später waren berittene Boten im Einsatz, die ihre erschöpften Pferde an den Pferdewechselstationen austauschen konnten. Die Kosten mussten dabei von den an der Straße liegenden Gemeinden getragen werden. Außerdem musste eine bestimmte Zahl an Reittieren bereitgehalten werden.

Alle Reisenden hatten auf ihren Wegen das Problem der Orientierung. Dabei halfen ihnen bereits in der Antike Karten, von denen aber leider keine bis heute erhalten blieb. Häufiger als Karten wurden allerdings Wegeverzeichnisse genutzt. Diese enthielten lediglich Angaben über die einzelne Orte verbindenden Straßen und Wege und die Entfernungen zwischen ihnen. An den Straßen selbst soll es eine Art von Wegweiser gegeben haben. Dabei handelte es sich um Steine, die Straßen zu bestimmten Orten verzeichneten und dazu Entfernungsangaben machten.

Schwierigkeiten und Gefahren

Wie in unserer modernen Gesellschaft war auch in römischer Zeit das Verkehrswesen von großer Bedeutung. Soldaten, Händler und Reisende waren aus zahlreichen Gründen auf Straßen angewiesen, um in möglichst kurzer Zeit problemlos von einem Ort zum anderen reisen zu können. Besonders die städtischen Straßen waren daher oftmals von Fußgängern, Reitern, Sänften, Karren und Fuhrwerken verstopft, so dass hier die ersten gesetzlichen Regelungen erlassen wurden. Unter Julius Caesar durfte der gesamte private Last- und Reiseverkehr nur noch nachts abgewickelt werden. Fuhr- und Reisewagen muss-

Einer von vier Silberbechern, die 1852 in der Nähe von Rom gefunden wurden. Auf ihnen befinden sich Routenbeschreibungen mit der Angabe von Stationen und Entfernungen

Rekonstruierte Kleidung eines Benefiziariers

ten tagsüber vor den Toren der Stadt abgestellt werden. Diese Regelung führte allerdings zu häufigen Klagen seitens der Stadtbewohner, die den damit verbundenen nächtlichen Lärm über sich ergehen lassen mussten.

Der Verkehr auf den Fernstraßen war im Gegensatz zum Stadtverkehr nicht geregelt. Es wird aber angenommen, dass auf römischen Straßen Rechtsverkehr herrschte. Dafür sprechen jedenfalls die Funde von Meilensteinen auf der rechten Straßenseite. Bei Straßen mit einem starken Gefälle, wie sie in der Eifel vorkamen, teilte sich der Weg häufig in zwei schmale Trassen. Die Trasse mit einem geringeren Gefälle war für die Talfahrt gedacht, die steilere Trasse für die Bergfahrt. Dort wo es nur eine Trasse gab, gab es vermutlich unterschiedliche Fahrzeiten.

Neben den alltäglichen Schwierigkeiten, die das Reisen auf römischen Straßen und Wegen mit sich brachte, lauerten auch Gefahren auf die Reisenden. Einzelne Straßenräuber bis hin zu kriminellen Banden machten die Straßen unsicher und überfielen die Reisenden. Es wurden zwar militärische Straßenposten eingerichtet, die das verhindern sollten, doch gelang das bestenfalls nur auf einigen wenigen großen Straßen. Dem Reisenden blieb nur die Möglichkeit, die Götter um Schutz anzuflehen, was auch häufig geschah, wie die zahlreichen gefundenen Weihesteine und kleinen Tempelchen am Wegesrand zeigen. Weihesteine wurden gestiftet, wenn der Stifter eine längere Reise ohne Probleme glücklich überstanden hatte. In den kleinen Tempel brachte man dagegen zu Beginn einer Reise Brandopfer dar, um die Götter um einen glücklichen Reiseverlauf zu bitten.

Für die Sicherheit auf römischen Straßen sorgten militärischen Straßenposten, die beispielsweise auch für die Umgebung von Zülpich nachgewiesen sind. Diese fanden sich vor allem in Gegenden, die einen besonderen Schutz des Verkehrs nötig machten. Darüber hinaus gab es im gesamten römischen Reich sogenannte Benefiziarier, die für die Sicherheit der Reisenden sorgten. Dabei handelte es sich um Soldaten, die von ihren Legionen für ein Jahr an die Statthalter der Provinzen abgeordnet wurden. Benefiziarierposten befanden sich in Siedlungen und an wichtigen Kreuzungen. Die Stationen waren meist Gebäude, die aus einem Dienst- und einem Wohnbereich bestanden.

Einrichtungen am Wegesrand

Entlang römischer Straßen und Wege fanden sich verschiedene Einrichtungen, die das Reisen erleichterten oder überhaupt erst möglich machten. Dazu gehörten neben den bereits beschriebenen Benefiziarierposten für die Sicherung der Straßen vor allem Herbergen, Wirtshäuser und Stationen für die Versorgung der Reit- und Zugtiere. Darüber hinaus dienten Wegweiser und Meilensteine der Orientierung der Reisenden.

Verpflegung und Übernachtungsmöglichkeiten boten die *mansiones*. Diese lagen etwa in einem Abstand von 25 Kilometern hintereinander an den Straßen. Das entsprach in etwa dem Tagesmarsch einer Person mit leichtem Gepäck. Bei den *mansiones* handelte es sich in der Regel um große befahrbare Höfe, die aus mehreren Gebäuden bestanden und von einem Zaun umschlossen waren. Im 2. Jahrhundert n. Chr. waren manche *mansiones* sogar mit Thermen ausgestattet und verfügten über ein sehr differenziertes Angebot an Übernachtungsmöglichkeiten. Neben barackenartigen Räumen gab es auch große komfortable Zimmer mit einer Heizung. Die *mansiones* wurden vom römischen Staat betrieben. Einer Raststätte stand in der Regel ein ausgedienter Offizier vor, der sich für eine Zeit von fünf Jahren verpflichtete. Er war für über 15 Personen zuständig, die

in der *mansio* beschäftigt waren. Da die *mansiones* Anziehungspunkt für viele Menschen waren, bildeten sie manchmal sogar den Kern einer Siedlung. Außerdem haben manche dieser kleinen Siedlungen später Marktfunktionen für die Umgebung übernommen.

Neben den *mansiones* gab es entlang der Straßen auch sogenannte *mutationes*, bei denen es sich um Wechselstationen für Reit- und Zugtiere handelte. Dort wurde von den Gemeinden eine bestimmte Anzahl an Tieren für den *cursus publicus* bereitgehalten. In den Tierwechselstationen waren in der Regel mehrere Menschen tätig, darunter meist auch ein Tierarzt.

Ein typisches Merkmal römischer Straßen waren die Meilensteine. Für die historische Forschung sind diese von großer Bedeutung, da sie verschiedene Informationen zu Straßenbauarbeiten, Reichsverwaltung und Herrschaftsorganisation sowie der Wirtschaftsentwicklung liefern. Allerdings waren sie nicht an allen römischen Straßen zu finden. Das von Agrippa in Gallien ausgebaute keltische Wegenetz besaß Meilensteine zunächst nur an markanten Stellen wie beispielsweise an Pässen oder Furten. Erst unter Claudius wurde das bestehende Wegenetz nachträglich mit Meilensteinen ausgestattet.

Römische Meilensteine wurden bevorzugt aus lokalen Steinbrüchen gewonnen. Bei den römischen Meilensteinen handelte es sich in der Regel um bis zu 2,2 Meter hohe zylindrische Säulen, auf denen – manchmal in einem Inschriftenfeld – ein Text eingemeißelt war. Die Meilensteine befanden sich am rechten Straßenrand. Die auf ihnen angegebenen Entfernungen bezogen sich nicht auf das Ziel, sondern auf den Beginn des Weges. Die Entfernung wurde in der Regel vom Stadttor aus gemessen, in einigen Fällen aber auch vom Forum aus.

Reise- und Transportmittel

In römischer Zeit waren Reisewagen im Einsatz, die von Pferden oder Maultieren gezogen wurden. Diese verfügten teilweise über interessante technische Einrichtungen wie einen Entfernungsmesser. Bei diesem war ein an ein Wagenrad gebundener Mechanis-

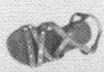

mus eingebaut, der dafür sorgte, dass nach jeder gefahrenen Meile ein kleiner Stein in ein Holzkästchen fiel. Die zurückgelegte Distanz konnte der Reisende dann anhand der Steine im Kästchen errechnen.

Neben den Reisewagen waren aber natürlich auch Lastwagen auf den römischen Straßen unterwegs. Diese waren entweder ein- oder zweiachsig und wurden von Ochsen gezogen. Es gab aber auch sechsachsige Lastwagen für Schwertransporte. Allerdings konnten Lastwagen in römischer Zeit nicht zu schwer beladen werden, da man das Kummet noch nicht kannte. Dabei handelte es sich um einen gepolsterten Ring, der dem Zugtier um den Hals gelegt wurde. Das Kummet verteilte den Druck des Wagens auf Brust und Schulter des Tieres und nutzte somit dessen volle Zugkraft. Das in römischer Zeit übliche Jochgeschirr drückte dagegen auf die Luftröhre der Tiere und behinderte dessen Atmung, so dass die eigentliche Zugkraft nicht voll genutzt wurde.

Römischer Meilenstein in der Nähe von Nettersheim

Darstellung eines römischen Lastwagens

Alle römischen Transportmittel waren vergleichsweise langsam. Ein gut beladenes Ochsengespann brachte es lediglich auf eine Geschwindigkeit von 1,6 km/h, während ein von Pferden gezogener Lastwagen eine durchschnittliche Geschwindigkeit von 7 bis 8 km/h erreichte. Ein leichter Reisewagen war schließlich mit durchschnittlich etwa 11 km/h unterwegs.

Rekonstruktion eines römischen Reisewagens

II Auf Römerwegen durch die Eifel

Das Rheinland und die Eifel waren in römischer Zeit zunächst Teil der Provinz Gallien. Erst im Jahr 85 n. Chr. wurde das linksrheinische Gebiet in drei Provinzen aufgeteilt, wobei sich das Gebiet der heutigen Eifel über alle drei Provinzen erstreckte. Während Teile der Nordeifel in der Provinz Niedergermanien (*Germania inferior*) lagen, gehörten Teile der Südeifel zur Provinz Obergermanien (*Germania superior*). Die westliche Eifel wurde dagegen ein Teil der Provinz *Belgica*.

Die Hauptstadt der Provinz Niedergermanien war die *Colonia Claudia Ara Agrippinensium*, das heutige Köln. Die Stadt bildete das wirtschaftliche und politische Zentrum der Provinz, obwohl sie geografisch am Rande lag und durch eine unsichere Grenze ständig gefährdet blieb. Unter dem Statthalter Marcus Vipsanius Agrippa wurde in Niedergermanien ein Straßennetz angelegt, das in der Folgezeit weiter ausgebaut wurde. Die Hauptstadt der Provinz Obergermanien und Sitz des Statthalters war Mainz (*Mogontiacum*). *Colonia Augusta Treverorum*, das heutige Trier, gehörte zur Provinz *Gallia Belgica*. Neben Köln entwickelte sich die Siedlung zur zweiten bedeutenden römischen Stadt im Rheinland. Trier erlebte seine Blütezeit im 3. und 4. Jahrhundert, als es zeitweise Reichshauptstadt und Sitz römischer Kaiser war. Trotz seiner herausragenden Stellung war aber nicht Trier die Hauptstadt der Provinz *Gallia Belgica*, sondern Reims (*Durocortorum, später Civitas Remorum*).

Für das Gebiet der heutigen Eifel waren drei große Staatsstraßen, die im weiteren Verlauf des Buches vorgestellt werden, von hoher Bedeutung. Die dabei verwendeten Straßenbezeichnungen sind nicht römischen Ursprungs, sondern stammen aus der heutigen Zeit. Die wichtigste Straßenverbindung der Eifel war die Agrippastraße, die von Trier nach Köln führte. In Köln traf sie auf die Limesstraße. Diese führte entlang des Rheins, von Koblenz über Bonn bis nach Köln und war von großer strategischer Bedeutung, da sie entlang der unsicheren Grenze zu den germanischen Stämmen im Osten verlief. Die Limesstraße diente unter anderem dazu, im Bedarfsfall schnell Truppen entlang der Grenze verlegen zu können. Die dritte wichtige Straßenverbindung im Rheinland war die Via Belgica. Diese führte von Köln über Jülich bis nach Maastricht und weiter bis nach Gallien und an die Kanalküste. Von dort konnte der Reisende dann sogar per Schiff nach Britannien gelangen.

Neben diesen drei Hauptverbindungen gab es verschiedene Querverbindungen und zahlreiche weitere untergeordnete Straßen und Wege, die von den großen Straßen abzweigten und zu Siedlungen, landwirtschaftlichen Gütern, Steinbrüchen oder anderen römischen Einrichtungen und Bauwerken führten. Neben den Straßen wurden in römischer Zeit auch bereits zahlreiche Wasserstraßen genutzt. Neben Rhein und Mosel vor allem die Erft oder die Rur. Insbesondere der Rhein diente den Römern für den Transport von Rohstoffen, Waren und Menschen, zum Teil weit über die Grenzen Germaniens hinaus.

1 Von Trier nach Köln
(Agrippastraße)

Trier (*Colonia Augusta Treverorum*) – Bitburg
(*Beda*) – Oos (*Ausava*) – Jünkerath (*Icorigium*) –
Nettersheim (*Marcomagus*) – Abzweig Billig
(*Belgica*) – Zülpich (*Tolbiacum*) – Köln (*Colonia
Claudia Ara Agrippinensium*)

Die Agrippastraße war in römischer Zeit die wichtigste Straßenverbindung in der Eifel. Als römische Fernstraße verband sie aber nicht
nur die Städte Trier und Köln miteinander. Sie war außerdem das
Teilstück einer längeren Fernverbindung, die von Marseille über Lyon bis an den Rhein führte. Damit verband die Agrippastraße die
Eifel nicht nur mit dem Süden Frankreichs, sondern mit dem gesamten westlichen Mittelmeerraum. Dementsprechend wurden die
unterschiedlichsten Waren über die Agrippastraße aus Marseille bis
nach Köln transportiert. Dazu gehörten unter anderem Seide, Wein,
Oliven oder Geschirr. Im Gegenzug fanden rheinische Produkte
über die Agrippastraße aber auch ihren Weg in den Süden. Die Hafenstadt Marseille spielte als Endpunkt der Straße eine wichtige
Rolle, da sie einen wichtigen Umschlagsplatz für Waren aller Art
bildete. Entsprechend ihrer Bedeutung für den wirtschaftlichen
Austausch zwischen dem Süden und Norden Europas, herrschte auf
der Agrippastraße immer ein reges Treiben. Neben Reitern und unterschiedlichen Fuhrwerken, waren es aber hauptsächlich Fußgän-
ger, die auf ihr unterwegs waren.
    Die Agrippastraße war eine römische Staatsstraße (*via publica*).
Ihre Bezeichnung erhielt sie allerdings erst in heutiger Zeit. Sie
geht auf Marcus Vipsanius Agrippa zurück, der zweimal römischer
Statthalter von Gallien war. Während seiner zweiten Amtszeit ließ
Agrippa ab 20/19. v. Chr. mehrere von Lyon ausgehende Fernstra-

ßen bauen. Eine dieser Straßen führte von Lyon über Trier nach Köln bis an den Rhein. Diese Verbindung sollte schnelle Truppenverschiebungen möglich machen und für eine stärkere Anbindung Galliens an das Römische Reich sorgen.

Die Besonderheit der Agrippastraße lag vor allem darin, dass sie durch ein eher unwegsames Gelände führte und dadurch hohe Anforderungen an die römische Straßenbautechnik stellte. Aufgrund von archäologischen Untersuchungen, die das LVR-Amt für Bodendenkmalpflege im Rheinland in den letzten Jahren durchgeführt hat, kann der historische Verlauf der Agrippastraße heute fast lückenlos rekonstruiert werden.

Die Agrippastraße führte von Trier im Wesentlichen über Bitburg, Gerolstein, Jünkerath, Nettersheim und Zülpich nach Köln. Neben dieser Hauptverbindung gab es mehrere Querverbindungen zum Rhein hin. Eine direkte Verbindung bestand dabei zwischen Jünkerath und Bonn. Zwei weitere Querverbindungen führten von Nettersheim und Zülpich zunächst nach Billig und von dort nach Bonn oder alternativ nach Wesseling an den Rhein. Ein wichtiger Verkehrsknotenpunkt auf der Agrippastraße war Zülpich. Neben der eigentlichen Verbindung nach Trier und Köln sowie der bereits genannten Querverbindung nach Köln, führte eine weitere Straße von Zülpich nach Thorr und Jülich. Beide Orte lagen auf der Via Belgica, die eine weitere wichtige Straßenverbindung für das nördliche Eifelvorland war. Neben den beschriebenen Haupt- und Querstraßen gab es zahlreiche weitere Wege, die von den Hauptwegen abzweigten und zu den landwirtschaftlichen Höfen, Steinbrüchen und zahlreichen anderen römischen Wirkstätten in der Eifel führten.

Trier (*Colonia Augusta Treverorum*)

Trier war neben Köln die bedeutendste römische Siedlung im Rheinland und einzige Stadt nach römischem Recht. Ihre Gründung fällt wahrscheinlich in das Jahr 18./17. v. Chr., in die Regie-

rungszeit von Kaiser Augustus. Allerdings gibt es dafür keine wirklichen Belege. Erst für die Mitte des 1. Jahrhunderts ist eine stadtartige Anlage mit einem rechtwinkligen Straßensystem und repräsentativen Bauten archäologisch nachgewiesen. In dieser Zeit wurde Trier unter Kaiser Claudius in den Rang einer Kolonie mit der Bezeichnung *Colonia Augusta Treverorum* erhoben.

Aufgrund seiner verkehrsgünstigen Lage am Schnittpunkt mehrerer Fernstraßen entwickelte sich Trier im 1. Jahrhundert n. Chr. schnell und gewann insbesondere im Handel mit Gallien eine große Bedeutung. In der Stadt entstanden verschiedene Gewerbe, insbesondere die Töpferindustrie machte Trier weit über seine Grenzen hinaus bekannt. Eine Besonderheit waren die *Terra Sigillata*-Manufakturen, die eine hochwertige Form römischen Tafelgeschirrs produzierten. Neben weiteren Gewerben wie die Tuchherstellung oder die Metallverarbeitung spielten auch die Landwirtschaft und insbesondere der Weinanbau eine große Rolle. Einen ersten Höhepunkt erreichte die positive Entwicklung Triers zu Beginn des 2. Jahrhunderts. Der wachsende Wohlstand schlug sich im Bau repräsentativer Bauwerke wie den Barbarathermen oder dem Amphitheater nieder.

Das Amphitheater in Trier

Während der Krise des römischen Reiches im 3. Jahrhundert kam es zu Einfällen der Germanen, in deren Folge der Limes, die Grenzbefestigung zwischen Rhein und Donau, aufgegeben werden musste. Trier blieb wegen seiner Lage im Hinterland von diesen Einfällen zunächst noch verschont, wurde im Jahr 275 dann aber doch von Franken und Alemannen geplündert und zerstört. Als Folge der zunehmenden militärischen Bedrohung wurde das Römische Reich unter Kaiser Diokletian (286-305) in eine westliche und östliche Hälfte aufgeteilt. Jede Reichshälfte wurde von einem Oberkaiser und einem Unterkaiser regiert. In der Westhälfte wurde Constantinus Chlorus Unterkaiser, der im Jahr 293 Trier zu seiner Residenz machte. Später wurde die Stadt sogar alleinige Hauptstadt des Westreiches.

Mit dem Aufstieg Triers zur Reichshauptstadt setzte eine beachtliche Bautätigkeit ein mit der Errichtung weiterer monumentaler Gebäude wie die Palastaula oder die Kaiserthermen. Von Trier, das zu dieser Zeit mehrere zehntausend Einwohner hatte, wurden die römischen Gebiete in Westeuropa und in einem Teil von Afrika verwaltet. Unter dem wachsenden militärischen Druck der Germanen wurde die Hauptstadt des Römischen Reiches im 4. Jahrhundert zunächst nach Mailand und einige Jahre später nach Ravenna verlegt. Mit dem Abzug des kaiserlichen Hofes und der kaiserlichen Verwaltung setzte der wirtschaftliche Niedergang ein und die Stadt verlor mehr und mehr an Bedeutung. Trier wurde mehrfach geplündert und zerstört, bevor es im Jahr 470 endgültig in die Hände der Franken fiel.

Römische Sehenswürdigkeiten in Trier

Porta Nigra

Die Porta Nigra (lateinisch für schwarzes Tor) wurde um 180 n. Chr. gebaut und markierte den nördlichen Zugang zur Stadt. Allerdings wurde das Tor nie vollständig fertig gestellt, was noch heute

gut an den Halbsäulen der Landfassade zu erkennen ist, die sich in einem unbearbeiteten Zustand befinden. Es wird angenommen, dass die Porta Nigra nicht in erster Linie Verteidigungszwecken diente, sondern vielmehr der Repräsentation.

Das Tor wurde auf einem älteren Gräberfeld errichtet, das damals noch vor der Stadt gelegen war. Das für den Bau verwendete Steinmaterial stammte unter anderem aus Steinbrüchen an der Mosel und dem Kylltal. Das Tor hatte eine Höhe von etwa 30 Metern. Im Erdgeschoss ist noch heute die Wehrgangspforte zu erkennen, die auf die etwa sechs Meter hohe und drei Meter breite Stadtmauer führte. Durch die Porta Nigra führte eine Fernstraße an der Mosel entlang und über den Hunsrück bis nach Mainz, in die Hauptstadt der Provinz Obergermaniens.

Im 11. Jahrhundert wurde die Porta Nigra zu einer Doppelkirche umgebaut. Dazu wurde einer der beiden Turmaufbauten des Stadttores abgerissen, da man für die Kirche nur einen Turm benötigte. Die Kirche und das Stift wurden 1802 von Napoleon aufgehoben und die Kirche in der Folgezeit zurückgebaut. Die Porta Nigra wurde nach Abschluss der Arbeiten zum ersten Antikmuseum der Stadt. In den 1960er und 1970er Jahren wurden umfangreiche Sanierungs- und Sicherungsarbeiten durchgeführt, um Kriegsschäden zu beseitigen und das Bauwerk für die Zukunft zu erhalten.

Amphitheater

Das Amphitheater wurde um das Jahr 100 n. Chr. gebaut und bot etwa 18.000 Menschen Platz. Im Theater wurden Tierhetzen und Gladiatorenkämpfe durchgeführt sowie Hinrichtungen vollzogen. Außerdem wurden dort wichtige öffentliche Ankündigungen gemacht. Da wasserdichter Ziegelmörtel verwendet wurde, nimmt man an, dass die Arena bei Bedarf auch geflutet werden konnte.

Vollständig ausgegraben wurde lediglich die Arena. Wie auch bei vergleichbaren Anlagen üblich, verfügte das Trierer Amphitheater über einen geräumigen Keller, der sich bis in eine Tiefe von drei

Metern unter dem Arenaboden befand. Eine Besonderheit des Amphitheaters war, das es in römischer Zeit als Teil der Stadtmauer und als östliches Stadttor diente. Wer auf der Agrippastraße von Köln nach Trier reiste, konnte das Theater schon früh von den Höhen der Eifel erkennen. Das Amphitheater wurde bis in das 5. Jahrhundert genutzt und diente dann als Steinbruch.

Thermen am Viehmarkt

Die Thermen am Viehmarkt wurden um 100 n. Chr. fertiggestellt und sind damit die älteste Thermenanlage in Trier. Sie wurden bis in das 4. Jahrhundert betrieben, bevor sie im Mittelalter, wie viele andere römische Bauten, als Steinbruch genutzt wurden. Im 17. und 18. Jahrhundert wurden die Reste der ehemaligen römischen Thermenanlage überbaut und diese geriet in Vergessenheit. Erst im Jahr 1987 wurde sie beim Bau einer Tiefgarage wiederentdeckt und archäologisch erforscht.

Bei den Ausgrabungen stieß man neben der Thermenanlage auf die Reste einer römischen Wohnbebauung aus dem 1. Jahrhundert n. Chr. Dabei handelte es sich um Fachwerkhäuser, deren Innenräume mit Wandmalereien geschmückt waren. Später wurden die Fachwerkhäuser durch Steinbauten ersetzt.

Barbarathermen

Als die Thermen am Viehmarkt für die wachsende Bevölkerung Triers zu klein geworden waren, wurden in der zweiten Hälfte des 2. Jahrhunderts die Barbarathermen errichtet. Die Ausmaße der Anlage waren beachtlich – zurzeit ihrer Entstehung waren sie die zweitgrößte Thermenanlage im gesamten Römischen Reich – nur die Trajansthermen in Rom waren größer.

Die Barbarathermen waren vermutlich bis zu Beginn des 5. Jahrhunderts in Betrieb, was durch verschiedene Münz- und Keramik-

funde belegt ist. Im Mittelalter und der frühen Neuzeit wurden die Thermen zu Wohnzwecken genutzt und durch verschiedene Umbauten ergänzt. Spätestens ab dem Beginn des 17. Jahrhunderts dienten sie allerdings nur noch als Steinbruch, bevor ihre Reste im Jahr 1675 aus militärischen Gründen gesprengt wurden.

Römerbrücke

Im Bereich der heutigen Stadt Trier führten schon in vorgeschichtlicher Zeit wichtige Handelsstraßen durch das Moseltal. Unter römischer Herrschaft wurde um 18/17 v. Chr. eine Brücke mit Pfeilern aus Kalksteinquadern errichtet, die auf einem Rost aus Holzpfählen ruhte. Dazu waren über 200 Holzpfähle etwa 2 Meter tief in den Flussgrund getrieben worden. Die gesamte Brückenkonstruktion hatte eine Länge von fast 400 Metern und eine Pfeilerhöhe von gut 10 Metern.

Etwas oberhalb dieser ersten Brücke wurde zwischen 144 und 152 n. Chr. die bis heute erhaltene Römerbrücke gebaut. Im 14. Jahrhundert wurden erstmals größere Umbauten an der Brücke vorgenommen, unter anderem wurden auf zwei Brückenpfeilern Tortürme errichtet. Im Jahr 1689 wurde die alte Römerbrücke von französischen Truppen gesprengt, 1719 aber wieder aufgebaut. Weitere Umbauten fanden im 19. und 20. Jahrhundert statt – zuletzt wurde im Jahr 1931 die Fahrbahn der Brücke verbreitert.

Kaiserthermen

Die Kaiserthermen sind die dritte große Thermenanlage in Trier. Sie entstanden zu Beginn des 4. Jahrhunderts auf Initiative des römischen Kaisers Constantius Chlorus und seines Sohnes Konstantin, die Trier zu ihrer Residenz gemacht hatten. Die Thermen lagen südlich des kaiserlichen Palastbezirks. Im Gegensatz zu den beiden anderen Thermen wurden die Kaiserthermen allerdings nie vollen-

det und der Badebetrieb somit auch nie aufgenommen. Unter Kaiser Valentinian wurden die Thermen um das Jahr 360 zu einer Kaserne für etwa 1000 Soldaten der kaiserlichen Leibgarde umgebaut. In nachrömischer Zeit dienten die Kaiserthermen dann als Schutzraum, in dem sich eine kleine Siedlung entwickelte. Die Reste der römischen Stadt, die für die Bevölkerung des mittelalterlichen Triers viel zu groß war, wurden dem Verfall überlassen. Teile der Thermen, die nicht als Burg genutzt wurden, nutzte man als Steinbruch.

Konstantinbasilika

Die Konstantinbasilika wurde zu Beginn des 4. Jahrhunderts als Teil des kaiserlichen Palastbezirks errichtet und diente Kaiser Konstantin als Thronsaal. Dementsprechend aufwändig und prachtvoll war die Innenraumgestaltung: Der Thronsaal war innen mit Marmor verkleidet und in den Nischen standen Marmorstatuen. Der Fußboden und die Wände waren beheizt. Dazu befanden sich unter dem Fußboden fünf Brennöfen, die die Luft erhitzten. Diese wurde unter den doppelten Fußboden und die Wandverkleidung geleitet. Ab dem Mittelalter wurde die Basilika von den Trierer Erzbischöfen genutzt. Dazu wurde sie umgebaut und zu Beginn des 17. Jahrhunderts in das neu errichtete Kurfürstliche Palais integriert. Seit der Mitte des 19. Jahrhunderts wird die Konstantinbasilika von der evangelischen Kirche genutzt.

Bitburg (*Beda*)

Der Reisende verließ das römische Trier auf dem Weg nach Köln durch das westliche Stadttor. Sein Weg führte über die Römerbrücke zunächst auf die andere Seite der Mosel und dann ein Stück den Fluss entlang. Anschließend ging es in Serpentinen aus dem Tal der Mosel hinaus auf die Höhen der Eifel. In ihrem Verlauf entsprach

die Römerstraße dabei im Wesentlichen der heutigen Bundesstraße 51. Nach etwa 30 Kilometern erreichte die Agrippastraße den *vicus Beda*, das heutige Bitburg. Der Ort ist bereits in der Tabula Peutingeriana von Konrad Peutinger verzeichnet. Die römische Bezeichnung *Beda* leitet sich von dem lateinischen Wort *betula* für Birke ab.

Beda war eine erste Station und ein wichtiger Truppenrastplatz auf dem Weg von Trier nach Köln. Unter Kaiser Konstantin wurde der Ort um 330 zu einem Straßenkastell mit 13 Rundtürmen und zwei Stadttoren ausgebaut. Die Römerstraße verlief direkt durch das römische Kastell. Bei Ausgrabungen wurden in der Vergangenheit größere Teile der römischen Befestigungsanlage freigelegt und erforscht. Einige Teile der Stadtmauer und ein Turm konnten sogar rekonstruiert werden. Die erhaltenen Mauerreste des spätantiken Kastells, die eine Breite von fast vier Metern hatten, sind durch einen archäologischen Rundgang erschlossen und können von interessierten Besuchern besichtigt werden.

Villa Otrang in Fließem

In der näheren Umgebung von Bitburg befanden sich in römischer Zeit zahlreiche römische Villen, die die Einwohner Bedas mit landwirtschaftlichen Produkten versorgten und den reichen Römern teilweise als Wohnsitz dienten. Eine dieser Villen lag etwa sechs Kilometer weiter nördlich im Bereich der heutigen Gemeinde Fließem, etwa 800 Meter östlich der alten Römerstraße nach Köln.

Die ersten Gebäude der Villa entstanden vermutlich bereits im 1. Jahrhundert n. Chr. Nach mehreren Ausbauten bestand die Anlage im 3. Jahrhundert aus 66 Räumen, von denen 14 einen Mosaikfußboden hatten. Außerdem gab es drei Bäder mit einer Fußbodenheizung. Aufgrund dieser luxuriösen Ausstattung wird angenommen, dass die Villa nicht nur ein landwirtschaftliches Gut war, sondern Angehörigen der reichen römischen Oberschicht als Sommerresidenz diente. In der Nähe der Villa gab es einen Tempel, von dem heute aber nichts mehr zu sehen ist.

48

1   Landseite der Porta Nigra in Trier

2 *Kaiserthermen in Trier*

3 Palastaula in Trier

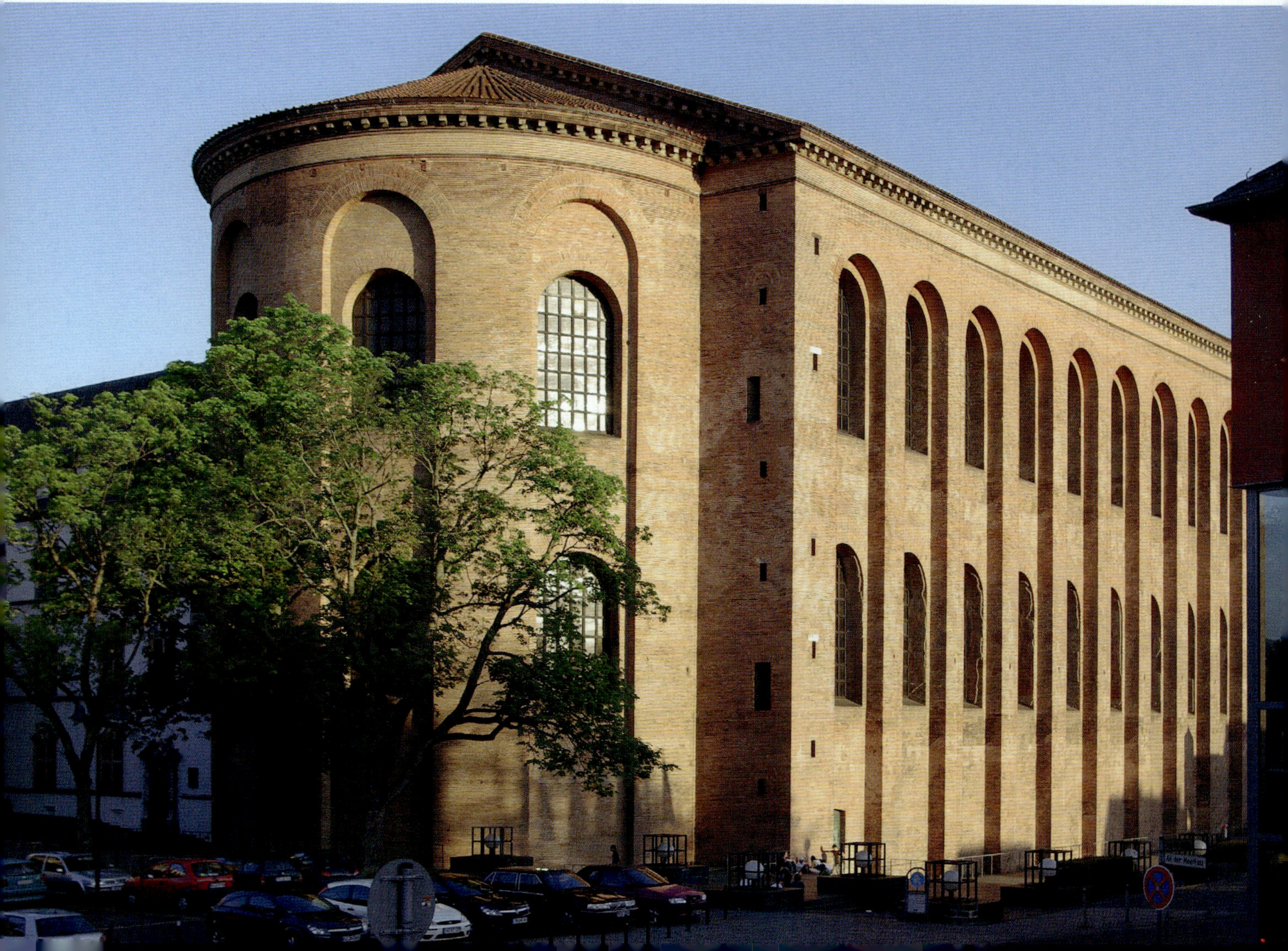

4   *Matronenheiligtum Görresburg bei Nettersheim*

5   Römische Brunnenstube Grüner Pütz bei Nettersheim

6
Rekonstruierte
Aquäduktbrücke in
Merchernich-Vussem

7 Modell des Praetoriums in Köln

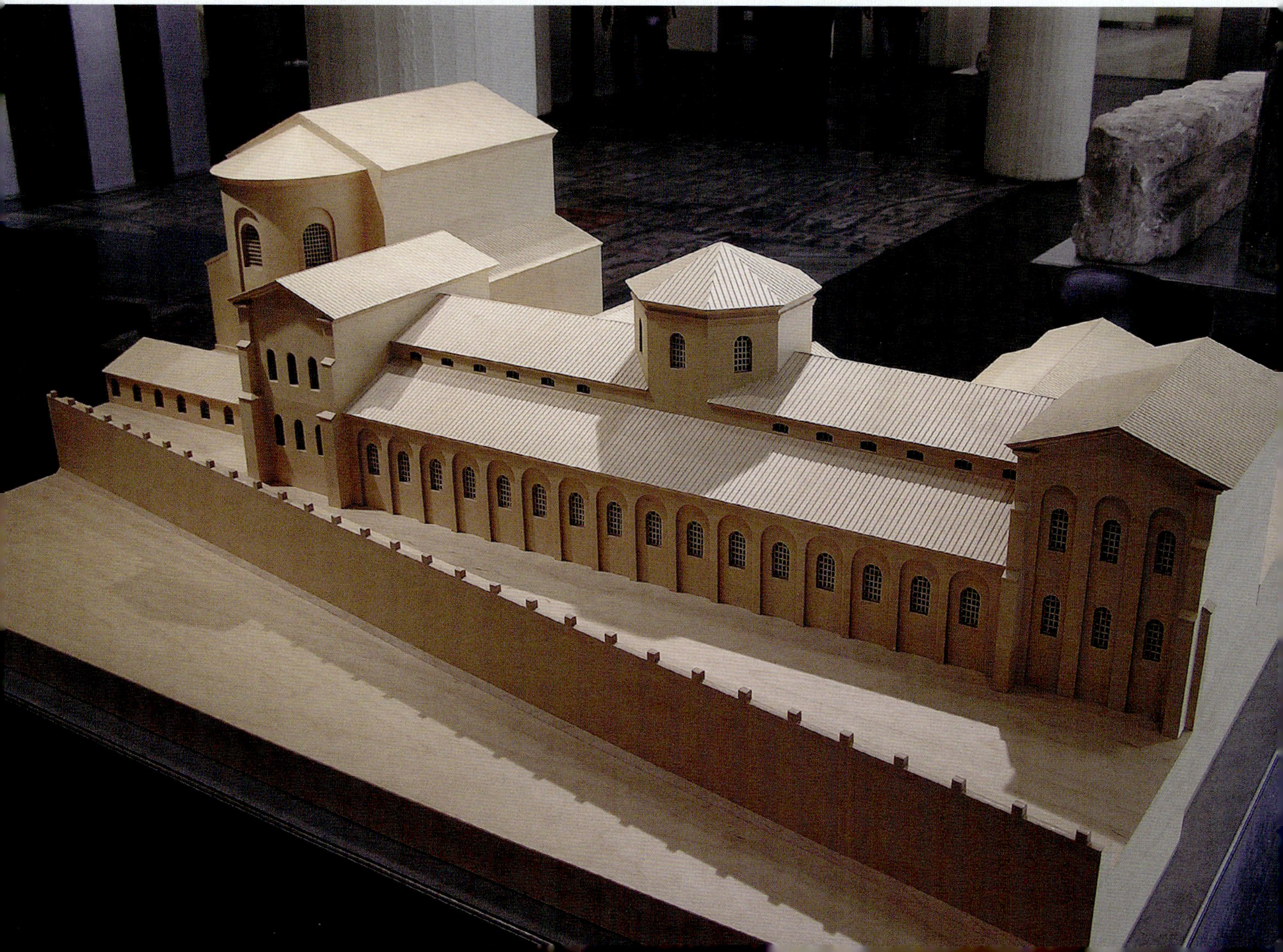

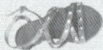

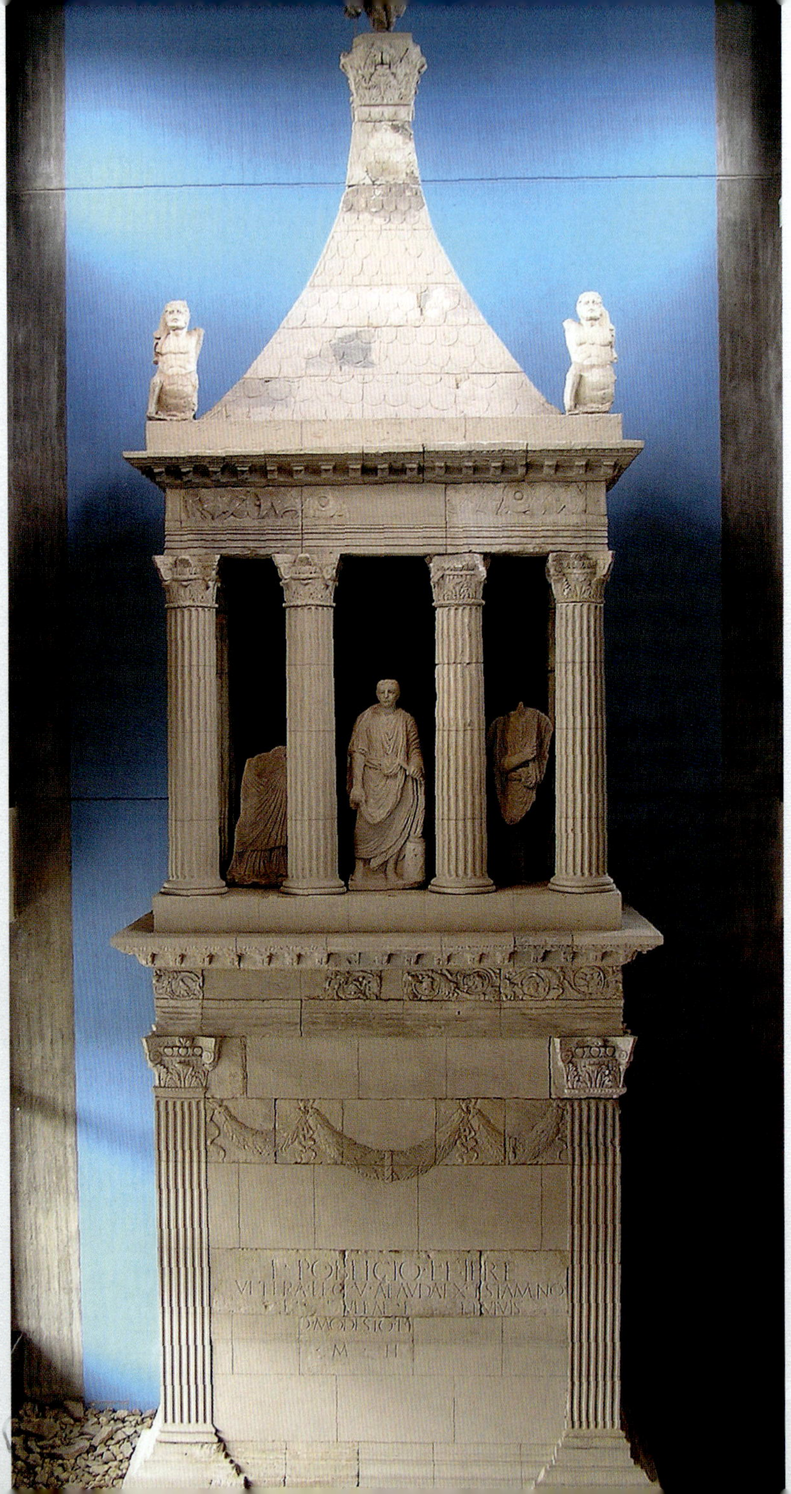

8
Grabmal des Poblicius im Römisch-Germanischen Museum in Köln

Die Villa Otrang gilt als eine der größten und besterhaltenen römischen Villenanlagen nördlich der Alpen. Alleine das Herrenhaus, das fast ganz frei gelegt werden konnte, umfasst eine Fläche von 360 m². Über die Funktion der Räume liegen aber leider keine gesicherten Erkenntnisse vor. Es kann lediglich angenommen werden, dass die Anlage von mehreren römischen Familien bewohnt wurde. Vermutlich wurde die Anlage im 5. Jahrhundert zerstört. Im Jahr 1838 wurde die Villa Otrang vom preußischen Kronprinzen, dem späteren Friedrich Wilhelm IV., gekauft. Die Schutzhäuser wurden errichtet, die heute selbst wieder unter Denkmalschutz stehen.

Die Villa Otrang kann fast das ganze Jahr über besichtigt werden. Besondere Höhepunkte sind die fast vollständig erhaltenen Mosaiken, die rekonstruierte Südterrasse und das gut erhaltene Heizungssystem (Hypokaustanlage). Im Restaurant können römische Speisen und Getränke probiert werden. Außerdem findet jedes Jahr ein Römerfest statt, das vom Verein „Milites Bedenses" veranstaltet wird.

Vicus Ausava bei Oos

Von der Villa Otrang verläuft die Agrippastraße weiter nach Norden, führt südlich um Büdesheim herum und erreicht schließlich Oos. Im Bereich dieser beiden Orte existierte in römischer Zeit die römische Siedlung *Ausava*, die allerdings bis heute nicht exakt lokalisiert werden konnte.

Der *vicus Ausava* war ein befestigter Rastplatz mit einer Wechselstation für Pferde. Der Ort wurde bei den Germaneneinfällen von 275/276 n. Chr. zerstört und danach – im Gegensatz zu anderen römischen Orten in der Eifel – nicht wieder aufgebaut. Das älteste Gebäude von Oos, die aus dem 12. Jahrhundert stammende Rochuskapelle, ist auf den Fundamenten eines römischen Wachturms errichtet. Ein nahe gelegenes römisches Gräberfeld beweist die Bedeutung des Ortes in römischer Zeit.

Villa Sarabodis in Gerolstein

In der Umgebung des *vicus Ausava* befanden sich in römischer Zeit zahlreiche landwirtschaftliche Güter. In Gerolstein finden sich beispielsweise die Reste einer *villa rustica* aus dem ersten Jahrzehnt des 1. Jahrhunderts n. Chr. Diese wurde bis in das 4. Jahrhundert bewohnt, bevor sie vermutlich von den Germanen zerstört wurde.

Die Reste der Villa fand man 1907 beim Bau der Erlöserkirche. Der Kirchenbauverein ließ die Grundmauern freilegen und restaurieren, so dass sie auch heute noch besichtigt werden können. Am Eingangstor wurde eine römische Fußbodenheizung (Hypokaustanlage) aus Originalmaterial wieder hergestellt und durch einen Überbau geschützt. Bei den Ausgrabungen fand man die Skelette von 27 fränkischen Kriegern, die alle über zwei Meter groß waren. Alle Krieger haben eine zertrümmerte rechte Schädeldecke und einen zertrümmerten rechten Arm.

Die bei der Freilegung der Villa Sarabodis gefundenen Gegenstände sind im angrenzenden Museum untergebracht und können dort mittwochs und samstags von 10 bis 15 Uhr besichtigt werden.

Jünkerath (*Icorigium*)

Die Villa Sarabodis lag abseits der Römerstraße von Trier nach Köln und war mit dieser durch eine Nebenstraße verbunden. Die Agrippastraße verlief stattdessen über Oos westlich an Gerolstein vorbei und weiter über Duppach, Steffeln und Gönnersdorf bis zum heutigen Jünkerath. Obwohl man es dem heutigen Ortsbild nicht ansieht, zählt Jünkerath zu den ältesten Orten in der Eifel. Die Ortsbezeichnung leitet sich von *Icorigium* ab, dem Namen der römischen Ursprungssiedlung aus der Mitte des 1. Jahrhunderts n. Chr.

Icorigium entwickelte sich nach seiner Gründung schnell zu einem blühenden Ort mit Geschäften, Tavernen und Herbergen. Es

gab Bürgersteige, die mit Laubengängen überdacht waren. Als wichtiger Gewerbezweig konnte aufgrund von archäologischen Untersuchungen Eisenverhüttung nachgewiesen werden. Wie so viele andere Orte der Eifel auch, fiel Jünkerath den Germaneneinfällen des 3. Jahrhunderts zum Opfer. Es kam so zu einer vorübergehenden Aufgabe der Siedlung. Erst im folgenden Jahrhundert wurde der Ort wieder bewohnt.

Zum Schutz der Bevölkerung errichtete man unter Kaiser Konstantin eine 3,70 Meter breite Festungsmauer, die mit Kalksteinquadern verblendet wurde. Zur Festungsmauer gehörten 13 Rundtürme mit einem Durchmesser von jeweils 10 Metern. Mindestens drei Türme waren mit Durchgängen versehen. Die heutige Straße „Am Römerwall" folgt dem ehemaligen Verlauf der römischen Festungsmauer. Es sind nur sehr wenige Mauerreste in der Nähe des Eisenmuseums erhalten. Im 5. Jahrhundert n. Chr. wurde die römische Siedlung endgültig zerstört.

Villa rustica in Blankenheim-Hülchrath

Von Jünkerath verlief die Agrippastraße weiter nach Norden und führte östlich an Dahlem vorbei, wo sie heute durch die Bundesstraße 51 überbaut ist. Erst bei Blankenheimerdorf schwenkt die alte Römerstraße wieder nach Norden durch den Olbrückwald. Dort ist der Straßendamm der Agrippastraße erhalten. Außerdem wurde ein Stück der alten Römerstraße freigelegt und mit einem Schutzbau versehen.

Im Bereich des heutigen Blankenheimerdorfs zweigte ein Weg von der Agrippastraße ab und führte nach Rheinbach. Nach etwa zwei Kilometer lag einige hundert Meter südöstlich dieser Abzweigung die Villa Blankenheim. Deren Reste wurden seit dem Ende des 19. Jahrhunderts durch mehrere archäologische Ausgrabungen untersucht. Die Villa ist aufgrund ihrer Größe und des Erhaltungszustandes einzigartig in Nordrhein-Westfalen. Im Rahmen der Regionale 2010 sollte das Gelände der Villa Blankenheim in Zukunft

besser zugänglich und die Geschichte des Ortes erlebbar gemacht werden.

Die Villa entstand gegen Ende des 1. Jahrhunderts n. Chr. und bestand aus mehreren Gebäuden, die durch eine Mauer eingefasst waren. Der Gesamtkomplex hatte eine Länge von etwa 250 Metern und eine Breite von etwa 120 Metern. Vermutlich war der gesamte Hof aufgrund seiner abschüssigen Hanglage terrassiert. Aufgrund der Untersuchungen konnte nachgewiesen werden, dass es im 4. Jahrhundert n. Chr. einen langsamen Verfall des Gebäudes gegeben hat. Die Heizungsanlagen des Herrenhauses verfielen und die Türen und Fenster wurden teilweise zugemauert. Vermutlich wurde der Gutshof in diesem Jahrhundert dann auch endgültig verlassen.

Abzweig der Agrippastraße über Rheinbach nach Bonn

Der in Blankenheimerdorf von der Agrippastraße abzweigende Weg führte über Rheinbach nach Bonn. Er war einer von mehreren östlichen Querverbindungen, die einen schnelleren Transport von der Eifel zum Rhein hin ermöglichten.

Rheinbach

Auf dem Tomberg in Rheinbach befand sich in römischer Zeit vermutlich eine Wehranlage, von der aus ein Teil der Nordeifel kontrolliert werden konnte. Bei Ausgrabungen wurden verschiedene Münzen und Keramikstücke gefunden. Außerdem sind in der mittelalterlichen Tomburg Steine verbaut, die möglicherweise aus dem Abbruch römischer Gebäude am Ort oder vom Fuße des Berges stammten. Dort befand sich ursprünglich vermutlich eine *villa rustica* oder sogar eine kleinere Siedlung. In der Spätantike befand sich auf dem Tomberg eine Signalstation für die Nachrichtenübermittlung von der Rheingrenze nach Trier.

Durch das heutige Stadtgebiet von Rheinbach verlief in römischer Zeit der Römerkanal, der die Stadt Köln mit frischem Eifelwasser versorgte. Die Reste dieses Kanals können an verschiedenen Stellen in der Stadt besichtigt werden. Sie sind ein wichtiger Besichtigungspunkt auf dem Römerkanal-Wanderweg, der die verschiedenen erhaltenen Reste des ehemals beeindruckenden Bauwerks verbindet.

Vicus Marcomagus bei Nettersheim

Die Haupttrasse der Agrippastraße verlief von Blankenheimerdorf weiter bis in das Urftbachtal. Dort begann südlich von Nettersheim im Bereich der Steinrütsch eine römische Siedlung, die sich bis auf die Görresburg erstreckte und von der Urft durchflossen wurde. Bei dieser handelt es sich vermutlich um den in der Tabula Peutingeriana verzeichneten Ort Marcomagus. Archäologische Ausgrabungen, die vor einigen Jahren durchgeführt wurden, haben dazu einige neue Erkenntnisse geliefert.

Etwa vom 2. bis in das 5. Jahrhundert gab es eine dichte Bebauung, die aus Wohn- und Wirtschaftsgebäuden bestand. Daneben konnten eine Herberge, ein Tempel und eine Befestigungsanlage ausgemacht werden. Darüber hinaus existierte ein Kleinkastell, durch das die Römerstraße mitten hindurchging. Dadurch konnte der Verkehr auf der Straße direkt kontrolliert werden. In der Nähe des Kleinkastells befand sich darüber hinaus ein Wachturm. Neben den Resten der oben genannten Gebäude wurden auf dem ehemaligen Gelände der römischen Siedlung auch mehrere Schmelzöfen nachgewiesen. Das deutet darauf hin, dass Marcomagus ein bedeutendes Zentrum der Eisenverhüttung war. Eisenvorkommen gab es in der unmittelbaren Umgebung.

Heute findet sich im Bereich der ehemaligen Römersiedlung die Rekonstruktion eines Meilensteins, dessen Original an der Agrippastraße stand. Laut der Inschrift wurde er zur Regierungszeit von Kaiser Decius Traianus (249-251 n. Chr.) aufgestellt. In

den nächsten Jahren soll zwischen der Steinrütsch und der Görresburg ein archäologischer Landschaftspark entstehen, in den die römischen Überreste wieder sichtbar und erfahrbar gemacht werden sollen.

In der Umgebung von Nettersheim finden sich an vielen Berghängen noch heute Terrassierungen aus römischer Zeit, die auf eine intensive landwirtschaftliche Nutzung schließen lassen. Darüber hinaus sind zahlreiche Spuren römischer Bergbautätigkeit, wie verfüllte Schächte oder Reste von Schürfgräben, erhalten. Es wurde vorwiegend Eisenerz abgebaut, das beispielsweise in Marcomagus verarbeitet wurde.

Matronenheiligtum auf der Görresburg

In Marcomagus überquerte die Agrippastraße die Urft und führte auf die Nettersheimer-Marmagener Hochfläche westlich des Urfttals. Dort befand sich in unmittelbarer Nähe zur römischen Siedlung ein römischer Tempel zu Ehren der Matronen. Dieser hatte seine Blütezeit im 2. und 3. Jahrhundert und diente der lokalen Bevölkerung und dem in der Nähe stationierten Militär zur Verehrung einheimischer Fruchtbarkeits- und Schutzgöttinnen. Die Anlage bestand aus mehren Gebäuden, die vom einer Mauer umgeben waren. Die Matronen sind auf einem auf der Anlage aufgestellten Weihestein dargestellt: Die drei sitzenden Göttinnen fallen dabei insbesondere durch ihre auffällige „Matronenhaube" und die Fruchtkörbe auf, die sie auf dem Schoß tragen.

Brunnenstube „Grüner Pütz"

Von dem Matronenheiligtum auf der Görresburg verlief die Agrippastraße parallel zum Urfttal westlich am heutigen Nettersheim vorbei, bevor sie nordwestlich wieder auf die Urft traf. Dort konnten die Reisenden den Bach durch eine Furt überqueren. Die römische

Weihestein mit Matronendarstellung aus dem Matronenheiligtum Görresburg bei Nettersheim

Straße verlief hier in Serpentinen ins Tal, um den schweren Fuhrwerken eine gefahrlose Abfahrt zu ermöglichen. Die Bergfahrt war an dieser Stelle vermutlich nur durch den Einsatz von Vorgespannen möglich. Teilweise ist die Straße tief in den Fels eingeschnitten und an einigen Stellen sind anscheinend noch römische Spurrillen zu erkennen.

In der Nähe der Bachüberquerung befand sich die römische Brunnenstube Grüner Pütz. Diese markiert den Beginn der römischen Wasserleitung, die von hier ins 96 Kilometer entfernte Köln führte. Durch eine etwa 80 Meter lange Sickerleitung wurde hier das Wasser aus dem Hang aufgefangen und in die Brunnenstube geleitet. Die Leitung wurde an zwei Stellen ein Stück freigelegt, so dass ein Einblick möglich ist. In der Brunnenstube floss das Wasser zusammen und Schwebstoffe konnten sich absetzen. Wie sie ausgesehen hat, ist nicht bekannt. Die Mauereinfassung stammt aus neuerer Zeit. Die Medusenhäupter sollten das Sammelbecken vor Unheil schützen. Von dort floss das Wasser dann in ein erstes Teilstück der römischen Wasserleitung. Heute endet die Wasserleitung

allerdings schon nach etwa 100 Metern und das angesammelte Wasser fließt in die Urft.

Weiter bachabwärts findet sich nach etwa einem Kilometer eine zweite Furt durch den Bach. Diese gehörte zu einem westlich parallel verlaufenden Strang der Agrippastraße. An dieser Stelle ist heute noch der tief ins Gelände eingeschnittene Weg zu sehen. Die Straße wurde hier mit großem Aufwand in zwei Trassen durch das Tal geführt, von denen eine für die Bergfahrt und eine für die Talfahrt diente.

Abzweig der Agrippastraße
nach Euskirchen-Billig (*Belgica*)

Im Bereich des heutigen Nettersheims zweigte ein Nebenstrang der Agrippastraße nach Osten in Richtung des heutigen Billig ab. Südöstlich des heutigen Stadtteils von Euskirchen traf die Römerstraße

Römische Straße im Hang des Urfttales

auf die Siedlung Belgica, wo sie sich in eine Verbindung nach Wesseling und eine Verbindung nach Bonn teilte.

Billig (*Belgica*)

Die römische Siedlung *Belgica* wurde nach 69/70 n. Chr. von germanischen Ubiern gegründet. Aufgrund von Münzfunden wird angenommen, dass die Siedlung bis in das 5. Jahrhundert Bestand hatte. Die erhaltenen Überreste der römischen Siedlung wurden bereits in den 1880er Jahren erforscht. Dabei konnten die Grundrisse von 20 Streifenhäusern erfasst werden. Die Ausstattung der Häuser deutet darauf hin, dass in der Siedlung keine wohlhabende Bevölkerung lebte. Es wird angenommen, dass die Einwohner für die Landgüter in der Umgebung arbeiteten. Diese lagen dicht gestreut in Einzelsiedlungen in geringer Entfernung vom Ort. Obwohl es keinen Beleg für einen periodischen Markt in Belgica gab, hat es einen solchen vermutlich gegeben.

Darüber hinaus wird vermutet, dass eines der Häuser als Benefiziarierstation diente, d.h. als Posten eines Straßenpolizisten. Dieser wurde von der in Bonn stationierten Legion abkommandiert und musste in *Belgica* seinen Dienst tun. Einer dieser Legionäre wurde in Belgica begraben. Der gefundene Grabstein weist auf eine wenig glücklich verlaufene Militärlaufbahn hin.

Römischer Steinbruch bei Kall

Von Nettersheim führt die Agrippastraße östlich an Kall vorbei weiter nach Norden. Etwa ein Kilometer nordöstlich von der Siedlung befindet sich ein Steinbruch, der im 2. und 3. Jahrhundert von einem Privatunternehmer betrieben wurde. Dabei handelte es sich vermutlich um einen Gutsbesitzer aus der Umgebung, der hier Baumaterial für den Eigenbedarf abbaute. Der im Steinbruch vorkommende Buntsandstein wurde in römischer Zeit für den Bau von Ge-

bäuden, die Abdeckung von Wasserleitungen, für Weihesteine und verschiedene andere Dinge genutzt. Im ehemaligen Steinbruch sind heute noch so genannte Schrotgräben zu sehen, die dem Abspalten von Steinsbrocken dienten, außerdem geglättete Flächen und Schlegelspuren. Es lässt sich erkennen, dass im Steinbruch unter anderem langgestreckte Steinquader von etwa 10 Zentimeter Dicke freigeschrotet wurden.

Kalkbrennerei in Bad Münstereifel-Iversheim

In der Umgebung von Iversheim existierten in römischer Zeit mehrere Kalkbrennereien, die den örtlich anfallenden Kalkstein verarbeiteten. Eine dieser Anlagen wurde in den 1960er Jahren zufällig entdeckt und ausgegraben. Aufgrund von Scherbenfunden konnte diese auf die Zeit zwischen dem 2. und 4. Jahrhundert datiert werden.

Öfen der römischen Kalkbrennerei in Bad Münstereifel-Iversheim

Die Kalkbrennerei in Iversheim bestand aus sechs Brennöfen, die sich ursprünglich unter einem etwa 30 Meter langen Hallendach befanden. Dieses war nach den Seiten hin offen, damit Luft über die Öfen streichen und der Dampf entweichen konnte. Da sich in einem der Öfen noch eine Füllung mit Kalk befand, wird vermutet, dass die Anlage fluchtartig aufgegeben wurde. Diese erlaubte es aber, die Beschickungs- und Brennmethode der römischen Kalkbrenner festzustellen. Für die Befeuerung der Öfen wurde Holz verheizt, das unmittelbar unterhalb der Brennerei in der Erftniederung wuchs. Das Material für die Kalkbrennerei kam aus den umliegenden Steinbrüchen – einer lag in unmittelbarer Nähe oberhalb der Brennerei.

Die Kalkbrennerei wurde von römischen Soldaten betrieben. Das belegen verschiedene Weihesteine, die auf dem Gelände der Anlage gefunden wurden. Die Soldaten wurden von verschiedenen Legionen abkommandiert, darunter einer Legion aus dem Orient. Das Arbeitskommando, das die Brennerei betrieb, bestand dabei aus etwa 50 Mann. Der produzierte Kalk wurde als wichtiger Baustoff bis an den Niederrhein verschifft. Die römische Kalkbrennerei in Iversheim ist das am vollständigsten erforschte Bauwerk dieser Art in Europa und eine der bedeutendsten archäologischen Fundstätten aus der Römerzeit nördlich der Alpen.

Die Kalkbrennerei Iversheim kann zwischen Mai und Oktober an den Wochenenden und an Feiertagen besichtigt werden. Außerdem können beim Dorfverschönerungsverein Iversheim Gruppenführungen gebucht werden.

Tempelanlage in Bad Münstereifel-Nöthen

In Nöthen finden sich die Reste einer gallo-römischen Tempelanlage. Dort wurden drei mütterliche Fruchtbarkeitsgöttinen verehrt, die so genannten Matronen, die zugleich Schutzheilige einer in der Umgebung lebenden größeren Personengruppe gewesen sein müs-

sen. Die Tempelanlage bestand vom 1. bis 4. Jahrhundert und wurde in dieser Zeit mehrfach umgebaut und erweitert. Zuletzt riss man die bestehenden Gebäude sogar komplett ein, um eine völlig neue Anlage zu errichten.

Die Anlage bestand ursprünglich aus Tempeln, Profanbauten und einer Basilika. Die Gebäude waren in einer Flucht im gleichen Abstand voneinander errichtet. Über die Funktionen der einzelnen Gebäude lässt sich kaum etwas sagen. Neben Gebäuden mit einer rein religiösen Nutzung gab es vermutlich auch eine Unterkunft für Pilger, eine weitere für das Kultpersonal und einen Vorratsschuppen. Die Basilika diente wahrscheinlich einem lokalen Männerbund als Versammlungsraum. Heute sind von der Tempelanlage nur noch Teile der Grundmauern, die teilweise aufgemauert wurden, sichtbar. Von den ursprünglich vorhandenen zahlreichen Weihesteinen sind heute ebenfalls nur noch Kopien aufgestellt.

Teilrekonstruierter gallo-römischer Tempel in der Nähe von Bad Münstereifel

Römischer Steinbruch
in Mechernich-Katzvey

Abseits der Agrippastraße befindet sich in der Nähe von Katzvey, im Veybach-Tal, eine etwa 15 Meter hohe Felsformation aus Buntsandstein, die als Katzensteine bezeichnet wird. Die Felsformation wurde ab der ersten Hälfte des 1. Jahrhunderts n. Chr. als Steinbruch genutzt – vermutlich bis in das 3. Jahrhundert. Die Spuren des Steinabbaus, wie Keillöcher oder Ritzungen, sind noch heute zu erkennen. Aufgrund dieser Spuren wird angenommen, dass nur verhältnismäßig geringe Steinmengen gebrochen wurden.

Vermutlich diente das gewonnene Material der Herstellung von Weihesteinen – vielleicht auch der Herstellung von Abdeckplatten für die römische Wasserleitung nach Köln. Es wird weiter angenommen, dass der Steinbruch einem Privatmann gehörte, der diesen nebenerwerblich und nur bei Bedarf betrieb. Sollte er Gutsbesitzer gewesen sein, dann muss sein Hof weiter entfernt gelegen haben. In unmittelbarer Nähe gab es keine Gutshöfe, da es dort in römischer Zeit keine Ackerflächen, sondern lediglich Buchenwald gab. Bei archäologischen Ausgrabungen wurden in der Vergangenheit mehrere Gegenstände gefunden, u.a. eine Glasschüssel, die vermutlich aus Italien stammte.

Aquäduktbrücke in Mechernich-Vussem

In Vussem wurde die römische Wasserleitung nach Köln mittels einer aufwändigen Äquaduktbrücke über ein kleines Seitental des Veybachs geführt. Die Reste diese Brücke wurden in den 1950er Jahren untersucht und teilweise rekonstruiert, so dass es heute möglich ist, einen Eindruck von den Ausmaßen der ehemaligen Wasserleitung zu erhalten.

Die Aquäduktbrücke war ursprünglich etwa 80 Meter lang und etwa 10 Meter hoch. Es gab 12 Brückenpfeiler, die in einem Abstand von 2,5 Meter hintereinander standen und auf einem Fundament von

etwa 2 Metern Tiefe ruhten. Als Gestein wurde Grauwacke verwendet, die mit römischem Mörtel zusammengehalten wurde. Auf dem Aquädukt befand sich der mit Steinplatten abgedeckte Kanal, durch den das Trinkwasser mit einem minimalen Gefälle von 0,4 Prozent floss. Allein diese Tatsache zeigt sehr deutlich die beachtenswerte Ingenieursleistung der Römer. Ohne den Bau der Brücke wäre eine weite und aufwändige Talumgehung nötig gewesen.

Im Anschluss an die Aquäduktbrücke ist der weitere Kanalverlauf im Gelände gut zu verfolgen. Nach etwa 100 Metern findet sich ein gemauerter Schacht, durch den in römischer Zeit in den Kanal eingestiegen werden konnte, um Reinigungs- oder Reparaturarbeiten durchführen zu können.

Brunnenstube in Mechernich-Kallmut

Die römische Brunnenstube Klausbrunnen an der Straße von Kallmuth nach Eiserfey war einige Zeit lang der Anfang der römischen Wasserleitung nach Köln. Erst später wurde der Beginn der Leitung bis zum Grünen Putz in Nettersheim rückverlegt. Der Grund war, dass der steigende Wasserverbrauch in Köln sonst nicht mehr zu befriedigen gewesen wäre. Die Leitung aus der Brunnenstube Grüner Putz ist noch heute erhalten. Aufgrund von Grundwasserentnahmen im Mechernischer Bleibergwerk ist die Quelle aber seit 1948 versiegt.

Das Sammelbecken ist etwa 3 Meter tief. Durch Zwischenräume im Fundament konnte das Quellwasser von der Hangseite in das Becken einströmen. Das Wasser staute sich bis 30 Zentimeter auf und flog dann durch den Abfluss in die plattengedeckte Wasserleitung nach Köln. Die Wasserleitung bestand bis in die Mitte des 3. Jahrhunderts, wurde dann allerdings durch die Einfälle der Franken zerstört. Später wurde sie nicht wieder aufgebaut und diente im Mittelalter als Steinbruch.

Nördlich von Irnich fällt die Agrippastraße in die Zülpicher Börde ab. Bei der Matthiassäule verläuft die Straße noch auf einer Hö-

he von etwa 240 Metern, bevor das Gelände auf kurzer Strecke um etwa 50 Meter abfällt. Nachdem sich die Agrippastraße über eine längere Strecke einem eher schwierigen Gelände anpassen musste, nimmt sie nun den für die Zülpicher Börde charakteristischen geradlinigen Verlauf an.

Zülpich (*Tolbiacum*)

Das römische Zülpich entwickelte sich ab der Mitte des 1. Jahrhunderts n. Chr. zu einem wichtigen Verkehrsknotenpunkt. Hier trafen sich mehrere Straßen: Neben der Agrippastraße von Köln nach Trier gab es eine Verbindung nach Jülich und Neuss sowie eine Verbindung, die über Billig nach Bonn oder alternativ nach Wesseling führte. Außerdem gab es eine separate Straßenverbindung von Zülpich nach Reims, die weiter westlich verlief. Trotz seiner Bedeutung hatte Zülpich aber kein Stadtrecht und wurde durch Personal aus Köln regiert. Die Hauptstadt der Provinz Niedergermanien stellte die Verwaltungsbeamten der römischen Siedlung, darunter auch den Bürgermeister.

Zülpich wurde das erste Mal im Jahr 70 n. Chr. erwähnt. Die römische Siedlung befand sich ursprünglich auf dem Mühlenberg, dort wo heute die Burg steht. Unterhalb des Mühlenbergs befand sich der Kreuzungspunkt der oben genannten Fernstraßen. Für die Sicherung des Verkehrs existierte eine Straßenpolizeistation. Zülpich wurde, wie viele andere römische Siedlungen im Rheinland auch, durch die Germaneneinfälle im Jahr 275/276 stark in Mitleidenschaft gezogen und daher in der Folgezeit befestigt.

Aufgrund seiner verkehrsgünstigen Lage war Zülpich ein wichtiger Handelsort. Vom Wohlstand der Stadt zeugen die Reste eines größeren Tempelbezirks sowie verschiedener Grabmonumente. Zülpich ist der einzige bekannte Ort in der Voreifel, dessen römische Besiedlung ohne Bruch in die frühmittelalterliche übergeht.

Römische Sehenswürdigkeit in Zülpich:
Thermen

Von den Gebäuden aus römischer Zeit haben lediglich ein Teil der
Thermen auf dem Mühlenberg die Zeit überdauert, die allerdings
als eine der am besten erhaltenen römischen Badeanlagen nördlich
der Alpen gelten. Sie wurden vermutlich im 2. Jahrhundert angelegt
und waren mindestens bis in das 4. Jahrhundert in Betrieb. Wie bei
römischen Thermen üblich, gab es mehrere Becken und Räume.
Außerdem gab es verschiedene technische Einrichtungen, wie ein
verzweigtes Rohrsystem für die Zufuhr von Frischwasser bzw. Ab-
fuhr von Abwasser. Schließlich ein aufwändiges Heizungssystem.
Thermen dienten in römischer Zeit nicht nur hygienischen Zwe-
cken, sondern spielten auch immer eine große Rolle im gesellschaft-
lichen Leben einer Stadt. Sie waren ein wichtiger Treffpunkt und

*Das Römerbad in
Zülpich mit Ansicht
der Fußbodenheizung*

64

ermöglichten den Austausch wichtiger Neuigkeiten und Informationen.

Die Römerthermen sind Teil des Museums der Badekultur und können im Rahmen der Öffnungszeiten besucht werden. Das Museum bietet verschiedene Führungen und Workshops zur römischen Badekultur an.

In der Umgebung von Zülpich befanden sich verschiedene kleinere Befestigungen, die im 4. Jahrhundert entstanden. Außerdem sind mehrere landwirtschaftliche Höfe bekannt, die sehr wohlhabend waren. Davon zeugen die Funde einiger Grabanlagen mit kostbaren Grabbeilagen.

Römerstraße in Erftstadt-Lechenich

Von Zülpich kommend verläuft die Agrippastraße schnurgerade bis in das Stadtgebiet von Erftstadt und ist über weite Strecken noch heute sehr gut im Gelände sichtbar. Auch im Stadtgebiet von Erftstadt lässt sich der Verlauf der Agrippastraße sehr gut nachvollziehen. Sie verläuft hier über mehrere Kilometer gerade als begehbare Feldwege. Die für Römerwege charakteristische Fahrbahnwölbung ist dabei allerdings nicht mehr zu sehen, da dieser durch jahrhundertelange Nutzung allmählich abgetragen wurde. Ein ehemaliges Teilstück der Agrippastraße kann heute noch in Erftstadt-Lechenich begangen werden, ein weiteres Teilstück verläuft von Zülpich kommend bis in die Nähe von Erftstadt-Ahrem.

Grabkammer in Hürth-Efferen

In Hürth-Efferen befindet sich an der Luxemburger Straße eine römische Grabanlage, die 1899 bei Ausschachtungsarbeiten für den Bau des ehemaligen Stationsgebäudes der Köln-Bonner Eisenbahn

gefunden und im Keller des Gebäudes konserviert und erhalten wurde. Die unterirdische Grabkammer lag unmittelbar an der Agrippastraße und gehörte zu einem in einiger Entfernung zur Straße gelegenen Gutshof. Sie war über eine Erdrampe oder eine Holztreppe zu erreichen. Ob es auch eine oberirdische Gestaltung der Grabanlage gab, ist leider nicht bekannt. Die Grabkammer verfügt über keine besondere Ausstattung. Teile sind im Laufe der Zeit von Steinräubern abgetragen worden. Im Innern der Grabkammer befinden sich nebeneinander zwei Sarkophage, jeweils auf einem eigenen Sockel. Die Deckel wurden von Grabräubern aufgebrochen und die vermutlich enthaltenen Beilagen gestohlen. Auch von den Skeletten blieb kaum etwas enthalten. So fand man bei der Ausgrabung der Grabkammer lediglich einen Schädel sowie einige Knochenreste.

Es wird vermutet, dass die Grabkammer aus dem späten 3. bzw. frühen 4. Jahrhundert n. Chr. stammt. In dieser Zeit wurde von den Besitzern landwirtschaftlicher Güter ein aufwändiger Totenkult praktiziert. Dabei wurden mehr oder weniger kostspielige Grabdenkmäler in der Nähe der entsprechenden Gutshöfe gebaut.

Die Grabkammer kann von Einzelpersonen besichtigt werden. Dazu muss man sich im Archiv der Stadtverwaltung Hürth den Schlüssel ausleihen. Mit dem Stadtarchiv können auch Gruppenführungen vereinbart werden.

Von der Grabkammer in Hürth-Efferen verlief die Agrippastraße weiter schnurgerade bis nach Köln. Die heutige Luxemburger Straße folgt dabei im Wesentlichen dem Verlauf der alten Römerstraße. Nach einigen weiteren römischen Gutshöfen befanden sich unmittelbar vor der Stadt, rechts und links der Straße, die Begräbnisstätten der Einwohner des römischen Kölns.

Das Begraben der Verstorbenen außerhalb der Stadt war in römischer Zeit üblich. Aus Gründen der Brandgefahr war es verboten, die Verstorbenen innerhalb der Stadt zu verbrennen. Begräbnisse innerhalb

Teil der römischen Eifelwasserleitung nach Köln in Hürth

der Stadt verbot man zudem wegen des Leichengeruches und der Unreinheit, die man den Leichen zuschrieb. Die Gräber der reichen Römer waren mit luxuriösen Grabmählern, ja sogar Grabtürmen versehen. Ein eindrucksvolles Beispiel ist das Grabmal des Lucio Poblicius, das in den 1960er Jahren am Kölner Chlodwigplatz gefunden wurde. Es ist über 14 Meter hoch und fast fünf Meter breit. Poblicius stammte aus Italien und hatte als Legionär seinen 25jährigen Militärdienst zuletzt bei einer in Xanten stationierten Legion abgeleistet. Wie alle Legionäre erhielt er eine Abfindung, die er so erfolgreich eingesetzt haben muss, dass er sich das für einen ehemaligen Soldaten außergewöhnlich aufwändige Grabmal leisten konnte.

Köln (*Colonia Claudia Ara Agrippinensium*)

147 Kilometer nach Trier erreichte die Agrippastraße schließlich Köln, die Hauptstadt der Provinz Niedergermanien. Der Reisende betrat die Stadt durch das südwestliche Tor in der römischen Stadtbefestigung. Dieses befand sich ursprünglich an der Clemens-/Bob-

67

straße, ist aber leider nicht mehr erhalten. Köln war von zahlreichen Straßen durchzogen, die schachbrettartig angelegt waren, und wurde von einer beeindruckenden Stadtmauer geschützt. Diese war über zwei Meter breit und fast acht Meter hoch. Neben den neun Stadttoren gab es in der Stadtmauer insgesamt 19 Rundtürme.

Köln wurde im Jahr 38 v. Chr. als *oppidum Ubiorum* – Stadt der Ubier – gegründet. Die Siedlung lag am Schnittpunkt zweier wichtiger Verkehrswege: dem Rhein und einer von West nach Ost verlaufenden Fernstraße. Aufgrund ihrer günstigen geografischen Lage entwickelte sich das *oppidum Ubiorum* schon bald zu einem bedeutenden Zentrum in Niedergermanien.

Im Jahr 50 n. Chr. wurde die Siedlung der Ubier zu einer „Kolonie" römischen Rechts erhoben und hieß von diesem Zeitpunkt an *Colonia Claudia Ara Agrippinensium*. Die Ubier erhielten dadurch das römische Bürgerrecht und ein unbeschränktes Grundbesitzrecht. Außerdem wurden Veteranen der römischen Armee angesiedelt. Vermutlich wurde kurz darauf auch mit dem Ausbau der Befestigung begonnen. Im Jahr 85 n. Chr. wurde Köln dann zur Hauptstadt Niedergermaniens ernannt.

Obwohl mehrerer Ereignisse die Stadt teilweise hart trafen, wie beispielsweise ein größerer Brand oder militärische Auseinandersetzungen, behinderten diese den wirtschaftlichen Aufstieg Kölns kaum. Im 2. Jahrhundert erlebte das römische Köln seine Blütezeit. Damals lebten etwa 15.000 Menschen in der Stadt und weitere 5.000 in den Siedlungen im näheren Umkreis. Zu dieser Zeit war Köln ein bedeutender Handels- und Gewerbeort. Aus Italien wurde Wein und Öl importiert, aus Kleinasien Seide und exotische Gewürze. In Köln wurden Keramiken und Gläser hergestellt, die bis nach England exportiert wurden.

Im 4. Jahrhundert setzte ein allmählicher wirtschaftlicher und kultureller Verfall ein. Die Franken besetzten die Stadt im Jahr 355 und hielten sie für mehrere Monate in ihrem Besitz. Im 5. Jahrhundert n. Chr. endete die römische Herrschaft und Köln ging endgültig in fränkischen Besitz über.

Römische Sehenswürdigkeiten in Köln

Ubiermonument

Beim Ubiermonument handelt es sich um den südöstlichen Eckturm der Befestigungsanlage des *Oppidum Ubiorum*. Es stammt aus der Zeit um 5 n. Chr. und wurde noch vor dem Bau der römischen Stadtmauer errichtet. Diese wurde aber später an den Turm angebaut.

Das Ubiermonument wurde 1965 beim Neubau eines Hauses entdeckt und ist bis in eine Höhe von etwa 6,50 Meter erhalten. Es stellt einer der ältesten erhaltenen Quaderbauten nördlich der Alpen dar. Das Bauwerk befindet sich heute im Keller eines Hauses und kann nur nach telefonischer Absprache besichtigt werden. Den Schlüssel erhält man im Praetorium.

Stadtmauer

Die römische Stadtmauer umschloss das antike Köln auf eine Länge von vier Kilometern. Neben den neun Toren, von denen drei nach Westen, drei nach Osten, zwei nach Süden und eines nach Norden ging, gab es 19 Rundtürme, die im Ernstfall die Verteidigung der Stadt übernehmen sollten. Später wurde die Römermauer Teil der mittelalterlichen Stadtbefestigung, bevor sie mit dem Bau einer neuen Befestigung im 12. Jahrhundert ihre Bedeutung verlor.

Reste der römischen Stadtmauer sind aber noch heute an verschiedenen Stellen in der Stadt zu finden. Neben den Mauerresten in der Tiefgarage unter dem Domvorplatz und im Verlauf der Komödienstraße gehört der Römerturm sicherlich zu den eindrucksvollsten Denkmälern aus römischer Zeit in Köln. Er stammt aus dem 2. und 3. Jahrhundert und fällt vor allem durch seine besondere Ausschmückung auf.

Römerturm in Köln

Praetorium

Ein weiteres eindrucksvolles römisches Denkmal ist das Praetorium unter dem „Spanischen Bau" des modernen Kölner Rathauses. Bei dem Praetorium handelt es sich um den Amtssitz des Statthalters, der den Oberbefehl über die in der Provinz stationierten Truppen hatte und für die zivile Verwaltung verantwortlich war. Der Stadthalter einer römischen Provinz war immer ein ehemaliger römischer Konsul.

Von dem monumentalen Gebäude sind Mauerreste aus allen Bauphasen erhalten. Außerdem Teile der ursprünglich reichen Ausstattung an Wandmalereien sowie der marmornen Wand- und Bodenverkleidungen. Schließlich Reste von Skulpturen und Inschriften.

*Erhaltenes Teil-
stück des römischen
Abwasserkanals am
Praetorium in Köln*

Dionysosmosaik

Im Jahr 1941 wurde bei der Anlage eines Luftschutzbunkers am
Südportal des Kölner Domes ein Mosaik entdeckt. Es bedeckte ursprünglich den Boden des Speiseraums einer römischen Villa aus
der zweiten Hälfte des 1. Jahrhunderts n. Chr. Das Gebäude war
um einen rechteckigen Innenhof angeordnet, in dessen Mitte sich
ein Springbrunnen befand. Der Innenhof war von einem Säulengang umschlossen. Im 3. Jahrhundert erfuhr die Villa eine aufwändige Neugestaltung, in deren Rahmen das Dionysosmosaik entstand.

Das Mosaik ist über 70 m² groß uns besteht aus etwa 1,5 Millio-
nen Steinen aus Naturstein, Glas und Ton. In der Mitte ist der trun-

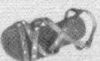

kene Dionysos zu sehen, der dem Mosaik seinen Namen gegeben hat. Über das gesamte Mosaik verteilt finden sich weitere Figuren aus dem dionysischen Gefolge sowie Fruchtkörbe, Erntewerkzeuge sowie zahlreiche weitere Details aus dem Themenbereich des Dionysoskultes.

Haus und Mosaik wurden vermutlich bei den Germaneneinfällen des 4. Jahrhunderts niedergebrannt.

Grabmal des Poblicius

Das Grabmal wurde 1965 bei der Erweiterung eines Wohnhauses in Köln gefunden. Die Finder präsentierten ihren Fund zunächst selbst der Öffentlichkeit, bevor sie ihn im Jahr 1970 an die Stadt Köln verkauften. Diese präsentierte das Grabmal ab 1974 im damals neu eröffneten Römisch-Germanischen Museum.

Das Grabmal des Poblicius wurde um 40 n. Chr. errichtet. Trotz seiner Größe von fast 15 Metern handelt es sich um kein ungewöhnliches Grabmal. Viele reiche Römer ließen sich solch kostspieligen Grabmäler errichten. Das Grabmal des Poblicius besteht aus einem hohen, rechteckigen Sockel, auf dem sich ein Überbau in Form eines kleinen Tempels befindet. Dort sind die in Stein gehauenen Bildnisse von Lucius Poblicius und dreier weiterer Personen zu sehen. Bei letzteren handelt es sich vermutlich um dessen Frau, Sohn und Tochter.

Lucius Poblicius stammte aus der Gegend zwischen Rom und Neapel und diente 25 Jahre als Soldat in der 5. Legion, die zeitweise in Xanten stationiert war. Bei seinem Ausscheiden aus der Armee erhielt er zwar eine bedeutende Abfindung, die ihm aber nicht den Bau eines so großen Grabdenkmals ermöglicht hätte. Es gelang ihm aber offenbar, seine Abfindung im römischen Köln deutlich zu vermehren und zu einem gewissen Wohlstand zu kommen.

2 Von Trier nach Andernach

Trier (*Colonia Augusta Treverorum*) – Föhren – Heckenmünster – Wittlich – Bad Bertrich (*Bertriacum)* – Strotzbüsch – Monreal – Mayen – Kretz – Thür – Mendig – Ochtendung – Nickenich – Andernach (*Antunnacum*)

Von Trier aus führte ein Weg entlang der Mosel bis nach Koblenz, wo sich ein römisches Kastell und eine zugehörige Siedlung befanden. Dieses hatte eine große Bedeutung für die Sicherung der römischen Grenze am Rhein und sollte den Einfall germanischer Stämme in das Gebiet rechts und links der Mosel verhindern. Eine zweite Wegstrecke führte dagegen nördlich der Mosel durch die Eifel bis nach Andernach an den Rhein. Dieser Weg verband verschiedene römische Siedlungen, Einzelhöfe und die bedeutenden Abbaugebiete für Basalt und Tuffstein in der Region Mayen mit dem Rheinhafen Andernach. Der Ort bildete in römischer Zeit einen wichtigen Umschlagsplatz für landwirtschaftliche Güter, Töpfereierzeugnisse und Mühlsteine aus der Eifel. Alle diese Produkte dienten der Versorgung der am Rhein stationierten Truppen, wurden aber auch weit über die Grenzen der Eifel hinaus transportiert.

Römische Siedlungsreste in Föhren

Von Trier führte die Römerstraße zunächst in Richtung der heutigen Ortschaft Föhren. Die Ortbezeichnung leitet sich von dem lateinischen Wort *furnus* für Ofen ab. In römischer Zeit soll es hier einen Ofen zur Herstellung von Tonwaren gegeben haben. In Föhren deuten einige kleinere archäologische Funde wie der Grabstein

des Primulus sowie das Fundament eines größeren Grabmonuments und einer *villa rustica* auf eine Besiedlung in römischer Zeit hin. Beim Grabstein des Primulus handelt es sich um den Deckel einer Aschenkiste, der in der zweiten Hälfte des 19. Jahrhunderts etwas südlich der Römerstraße gefunden wurde. Primulus war vermutlich ein Sklavenkind, das im 2. oder 3. Jahrhundert im Bereich des heutigen Ortes gelebt hat.

Auch im weiteren Verlauf der ehemaligen Römerstraße nach Andernach finden sich in der Umgebung von Hetzerath, Rivenich und Salmtal – links und rechts des Weges von Trier nach Andernach – weitere Überreste einer ehemaligen römischen Besiedlung.

Heil- und Kultbezirk in Heckenmünster

Etwas abseits der Römerstraße gelegen, existierte an der Schwefelquelle in Heckenmünster seit dem 1. Jahrhundert n. Chr. ein Heil- und Kultbezirk. Dieser umfasste neben einer Badeanlage mehrere Gäste- und Pilgerhäuser und eine Herberge. Außerdem einen gallo-römischen Tempel. Alle diese Gebäude wurden in den 1960er Jahren durch eine Grabung untersucht, anschließend aber wieder mit Erdreich zugeschüttet.

Dass das Quellwasser für Heilzwecke verwendet wurde, zeigt sich durch die vorhandenen Brunnen für Trinkkuren und das Badegebäude. Dieses verfügte über ein Fußwaschbecken und ein 50 m² großes Wasserbecken.

Die Anlage wurde vermutlich bei den Germaneneinfällen des 3. Jahrhunderts zerstört und dann nicht wieder aufgebaut. Wahrscheinlich brachte die Quelle in dieser Zeit auch nicht mehr genug Leistung und konnte nicht mehr mit der Quelle in Bad Bertrich konkurrieren. Dort war das Thermalbad ohnehin reicher ausgestattet und zudem vor Angriffen besser geschützt.

Römische Villa in Wittlich

Auch in Wittlich finden sich die Reste einer *villa rustica*, die in römischer Zeit in weiten Teilen der Eifel häufig vorkamen. Die Villa in Wittlich gehörte mit einer Länge von 140 Metern und einer Tiefe von 28 Metern allerdings zu den größten Villenanlagen nördlich der Alpen. Die Anlage liegt auf einem Hang direkt an der Lieser, ist allerdings teilweise von einer Autobahnbrücke überbaut. Sie entstand vermutlich im 2. Jahrhundert und war mindestens bis in das 4. Jahrhundert bewohnt.

Die Villa bestand aus einem Mittelteil, der auf beiden Seiten durch anschließende Hallen mit einem zwei- bis dreigeschossigem Eckbau verbunden war. Der nördliche Teil diente als Badeanlage, während der Teil auf der südlichen Seite die Stallungen, Wirtschaftsgebäude und Unterkünfte für das Gesinde enthielt. Letzterer wurde durch den Autobahnbau in den 1970er Jahren zerstört. Die Fläche zwischen den Gebäuden diente zum großen Teil als Hof- und Gartenanlage.

Der Mitteltrakt, der dem Besitzer der Villa als Wohnhaus diente, ist heute von einem Schutzbau überdeckt und kann besichtigt werden. Dabei fallen vor allem der tonnengewölbte Keller und die kleineren Wirtschafts- und Küchenräume an der Rückseite des Gebäudes auf. Auf der der Villa gegenüberliegende Seite der Lieser konnten bei Ausgrabungen in den 1980er Jahren mehrere kleinere Gebäude, ein Brunnen und die Reste einer Umfriedung ausgemacht werden. Diese gehörten ebenfalls zum Hof und konnten über eine kleine Brücke über die Lieser erreicht werden.

Römisches Thermalbad in Bad Bertrich
(*Bertriacum*)

Von Wittlich verlief die Römerstraße weiter nach Nordosten in Richtung des heutigen Ortes Strotzbüsch. Dabei verlief sie östlich des heutigen Bad Bertrich, das in römischer Zeit ein bedeutendes

Thermalbad war und spätestens im 3. Jahrhundert der Anlage in Heckenmünster in dieser Hinsicht den Rang ablief. Teile der antiken Badeanlage wurden in der Vergangenheit im Bereich des Kurhauses gefunden. Außerdem fand man die Reste mehrerer Tempel und vermutet, dass es in Bad Bertrich eine größere römische Siedlung gab.

In der Vergangenheit wurden in Bad Bertrich mehrere Münzschätze gefunden, im Jahr 1976 beispielsweise ein Fund von fast 1500 Münzen aus dem 3. Jahrhundert.

Römische Siedlungsreste in Strotzbüsch

Im Bereich der heutigen Gemeinde Strotzbüsch gab es in römischer Zeit ebenfalls eine Siedlung, deren Reste in den 1980er Jahren untersucht wurden. Dabei fand man Dachziegel, Mauersteine und zahlreiche römische Keramikscherben aus dem 1. bis 4. Jahrhundert. In der Umgebung existieren noch heute zwei römische Gräber und auf einem Bergsporn über dem Ueßbachtal eine spätrömische Befestigung. Im Fels sind zahlreiche Kammern und Pfostenlöcher erhalten. Zwischen Strotzbüsch und Mayen wurden in der Vergangenheit zahlreiche römische Grabanlagen gefunden, die ein Zeugnis für die dichte Besiedlung der Region und die Vielfältigkeit der römischen Bestattungskultur sind. Ein Beispiel ist der „Strotzbüscher Tumm", ein römischer Grabtumulus aus dem 3. Jahrhundert. Er diente einer gallo-römischen Großgrundbesitzerfamilie als Grabstätte.

Grabhügel in Büchel

Von der römischen Siedlung im Bereich des heutigen Strotzbüsch führte die Römerstraße weiter nach Nordosten durch ein Gebiet, das überwiegend landwirtschaftlich genutzt wurde und in dem man in der Vergangenheit mehrere römische Grabstätten fand, wie beispielsweise in Lutzerath oder Hambuch.

Eine besondere Grabstätte wurde Anfang der 1970er Jahre in Büchel untersucht. Dabei handelte es sich um einen Grabhügel, in dem Tonwaren, Bronzegeschirr und Keramik gefunden wurde. Alle Gegenstände waren durch Hitzeeinwirkung stark in Mitleidenschaft gezogen worden, die beim Niederbrennen des Scheiterhaufens für die Verstorbenen entstanden war. Außerdem fand man zwei Kisten mit der Asche der Verstorbenen, bei denen es sich aufgrund der Grabbeilagen um Angehörige der gehobenen Gesellschaftsschicht gehandelt haben muss.

Der Grabhügel wurde im 1. und 2. Jahrhundert für Bestattungen genutzt, möglicherweise für die verstorbenen Angehörigen einer Familie. In unmittelbarer Nähe des Hügels wurden die Reste von Pfostenlöchern und Holzpfosten gefunden, die auf einen Holzbau hinweisen, der möglicherweise für die Abhaltung der Totenfeiern gedient hat.

Römische Straße mit Gebäude in Monreal

In Monreal wurde bei Rodungsarbeiten eine römische Straße mit einem Gebäude gefunden, deren Funktion bis heute unklar ist. Bei der Straße handelte es um ein Stück der Verbindung von Trier nach Andernach. Sie war als etwa 80 Zentimeter hoher Steindamm erhalten, der aus mehreren Gesteinsschichten bestand.

Parallel zur Straße stand das Gebäude. Dieses bestand nur aus zwei Räumen, war aber später um einen weiteren Raum vergrößert worden. Es gab einen Ofen und eine offene Feuerstelle in der Mitte eines Raumes. Vermutlich handelte es sich bei dem Gebäude um ein einfaches ländliches Wohnhaus. Nach den Funden zu urteilen entstand es in der zweiten Hälfte des 2. Jahrhunderts. Um die Mitte des 4. Jahrhunderts wurde es durch einen Brand zerstört, möglicherweise in Zusammenhang mit einem Einfall der Franken.

Mayen

Von Monreal führte die Römerstraße in das Gebiet des heutigen Mayen, das in römischer Zeit relativ dicht besiedelt war. Darauf deuten zahlreiche antike Funde hin. Eine größere Siedlung befand sich etwas nördlich von Mayen, in der Nähe der Steinbrüche. Neben dem Abbau von Basaltlava, bestand in Mayen seit dem 4. Jahrhundert n. Chr. ein bedeutendes Töpfergewerbe. Keramiken aus Mayen wurden überall in Nieder- und Obergermanien gefunden, ebenso im süddeutschen Raum und in der Schweiz. Neben Keramik wurde auch Glas hergestellt und über die lokalen Grenzen hinaus verkauft.

Mayen blieb auch nach dem Abzug der Römer im 5. Jahrhundert n. Chr. ein wichtiger Standort des Töpferei- und Glasgewerbes. Der Ort wurde offenbar kampflos von den Franken übernommen und in ihr Herrschaftsgebiet eingegliedert.

Römische Sehenswürdigkeiten in Mayen

Römerwarte Katzenberg

Auf dem Katzenberg bei Mayen wurde Anfang des 4. Jahrhunderts eine römische Befestigungsanlage errichtet, die der römischen Bevölkerung der Umgebung als sicherer Rückzugsort bei Angriffen dienen sollte. Mayen war aufgrund seiner wirtschaftlichen Bedeutung und des damit verbundenen Wohlstandes für plündernde Germanenstämme äußerst interessant. Insbesondere gegen Ende des 3. Jahrhunderts überschritten die Germanen wiederholt den Rhein und fielen in das Römische Reich ein.

Etwa 70 Meter der Befestigung mit begehbarem Wehrgang wurden in den vergangenen Jahren rekonstruiert, um dem interessierten Besucher ein anschaulicheres Bild der ursprünglichen Anlage vermitteln zu können. Während die unteren Bereiche der Römerwarte für die schutzsuchende Bevölkerung reserviert waren, befand sich

78

auf der Hügelkuppe das Wachgebäude. Von dort konnte das Umland beobachtet und die Bevölkerung von Mayen bei Gefahr gewarnt werden. Außerdem bestand die Möglichkeit, Signale an weitere Befestigungsanlagen zu geben, die entlang der Nette aufgereiht waren. Da das Wachgebäude das ganze Jahr über besetzt werden musste, verfügte es über den Luxus einer Fußbodenheizung.

Grubenfeld

Die Umgebung von Mayen ist reich an vulkanischem Gestein wie Schiefer, Tuffstein und Basaltlava. Die dortigen Steinbrüche wurden zum Teil bereits in vorgeschichtlicher Zeit ausgebeutet. In römischer Zeit wurde der weiche und poröse Mayener Basalt für die Herstellung von Mühl- und Reibsteinen abgebaut. Häufig wurde der Basalt für die Herstellung von kleinen Handmühlen verwendet, die die römischen Soldaten für das Mahlen ihrer Getreiderationen mitführten. Dabei kam auf eine „Zeltgenossenschaft" von sechs bis acht Soldaten eine Handmühle. Die großen Mühlsteine wurden oft nur roh behauen und dann nach Andernach transportiert. Dort stellte man die Mühlsteine fertig und transportierte sie über den Rhein in Richtung ihres Bestimmungsortes. Dieser lag in Nord- oder Süddeutschland oder sogar in Britannien. Mayener Basalt diente aber auch als Baumaterial und wurde unter anderem für die Römerbrücke in Trier verbaut.

Im nordöstlich von Mayen gelegenen Grubenfeld wurde in römischer Zeit Basaltlava abgebaut. Die Abbauspuren der Römer, wie sie beispielsweise durch die Keilspaltung entstehen, sind noch heute zu erkennen und finden sich in unmittelbarer Nähe des Elektrokrans aus dem 20. Jahrhundert. Der beim Steinabbau anfallende Schutt wurde im Laufe der Zeit zu regelrechten Hügeln mit einer Breite von bis zu 250 Metern aufgehäuft. Die Schutthaufen im Kottenheimer Wald sind noch gut erhalten und dementsprechend gut zu erkennen. Im Gelände wurden in der Vergangenheit immer wieder Rohlinge für Handmühlen gefunden.

Römerbergwerk Meurin in Kretz

Von Mayen führte die Römerstraße in nordöstlicher Richtung weiter nach Andernach. In der Region zwischen Mayen und Andernach war ein wichtiges Steinabbaugebiet. Hier wurde Basaltlava und Tuffgestein abgebaut. Letzterer wurde sogar bis nach Italien exportiert. Noch heute finden sich in der Region zahlreiche Stollen, die von der Tätigkeit der Römer zeugen. In Kretz befindet sich darüber hinaus das in großen Teilen erhaltene Römerbergwerk Meurin, das einen sehr anschaulichen Eindruck von der mühsamen Arbeit der römischen Bergleute und den Methoden des antiken Bergbaus gibt. Es gilt als das größte Untertage-Tuffabbaugebiet nördlich der Alpen.

Das Römerbergwerk wurde in den 1950er Jahren entdeckt. Es war zu dieser Zeit mit einer etwa fünf Meter hohen Bimsschicht bedeckt,

Rekonstruierte römische Krananlage im Römerbergwerk Meurin

die in den folgenden Jahren abgetragen wurde. Dabei stürzten einige der römischen Stollen ein. Erst gegen Ende der 1990er Jahre wurden archäologische Ausgrabungen durchgeführt. Da man dazu das vorhandene Stollensystem freilegte, stürzten die verbliebenen Stollendecken ein. Aufgrund seiner Bedeutung beschloss man, die Anlage für die Öffentlichkeit zugänglich zu machen, und errichtete 2000 eine Halle zum Schutz der freigelegten Stollen vor Wasser.

Das Römerbergwerk Meurin kann vom 17. März bis zum 06. November besucht werden. Es ist dienstags bis sonntags von 9 bis 17 Uhr geöffnet. Außer in den Schulferien von Nordrhein-Westfalen und Rheinland-Pfalz ist es montags geschlossen. Die Anlage bietet einen sehr anschaulichen Einblick in den römischen Untertageabbau von Tuffstein. Der Besucher erhält vor Ort durch ein Audioguidesystem umfangreiche Informationen zu den Arbeitsbedingungen im Bergwerk und der Verwendung des abgebauten Gesteins. Im Außenbereich des Bergwerks befinden sich eine Steinmetzhütte und ein rekonstruierter römischer Kran.

Gräberfeld in Thür

In Thür befand sich ein römisches Brandgräberfeld, das aus 75 Gräbern bestand. Es konnten bei den archäologischen Untersuchungen lediglich vier Körperbestattungen festgestellt werden, während es sich in allen anderen Fällen um Feuerbestattungen handelte. In den Gräbern fanden sich immer einige Schalen, in denen den Toten Essensbeigaben mitgegeben wurden.

Speicher in Mendig

Im Ortsteil Obermendig wurden 1976 auf einem kleinen Basalthügel Mauerreste gefunden, die nicht zugeordnet werden konnten. Aufgrund der Funde von Mühlsteinen und großer Mengen Getrei-

dekörner kam man zu dem Schluss, dass es sich bei dem Gebäude um einen Speicher gehandelt haben muss. Allerdings konnten bisher noch keine römischen Siedlungsreste ausgemacht werden, die einen Getreidespeicher in dieser Region als sinnvoll erscheinen lassen.

Grabtumulus in Ochtendung

Die Römer bestatteten ihre Toten auf sehr unterschiedliche Art und Weise, was nicht zuletzt an den unterschiedlichen römischen Grabstätten in der Eifel gezeigt werden kann. Ein Beispiel für diese Vielfalt ist ein rekonstruierter Grabhügel in Ochtendung, wenige Kilometer südöstlich von Kretz gelegen, der 1978 bei Wegearbeiten gefunden wurde. Dort wurden in römischer Zeit eine Frau und zwei Kinder bestattet, die womöglich auf einem nahegelegenen Gutshof gelebt hatten. Diese Höfe kamen auf der Hochebene vor Andernach und Koblenz häufig vor, da die zahlreichen am Rhein stationierten Truppen mit Lebensmitteln versorgt werden mussten.

Römischer Grabtumulus und Nischengrabmal in Nickenich

Nordwestlich von Kretz, nicht weit von der Römerstraße nach Andernach, wurde bei Ausgrabungen in den 1930er Jahren eine weitere Grabanlage gefunden, die aus einem Grabtumulus und einem Nischengrabmal bestehen.

Bei dem Grabtumulus handelte es sich um einen ummauerten Grabhügel mit einem Durchmesser von etwa sieben Metern. Die verwendeten Quadersteine waren aus Tuffstein und stammten aus dem Römerbergwerk Meurin. Das Innere des Rundbaus war mit Lavagestein verfüllt und eine Grabkammer nicht vorhanden. Ein Stein mit einer Inschrift erläuterte, dass das Grabmal zum Gedenken an eine Frau und ihren Sohn errichtet wurde. Bei diesen handelte es sich um Kelten, die die römische Lebensweise angenommen

Römischer Grabtumulus in Nickenich

hatten. Die Inschrift konnte auf die Mitte des 1. Jahrhunderts n. Chr. datiert werden. Grabhügel wurden zwischen dem 1. und dem 3. Jahrhundert n. Chr. errichtet. Vermutlich ging das auf vorchristliche keltische Traditionen zurück. Allerdings war es auch in Italien ab der Mitte des 1. Jahrhunderts n. Chr. nicht unüblich, bedeutende oder reiche Persönlichkeiten in solchen Grabstätten zu bestatten.

Der Tumulus wurde Anfang der 1930er Jahre ausgegraben und befindet sich heute im Rheinischen Landesmuseum in Bonn. Eine Rekonstruktion steht einige Meter nordwestlich des ursprünglichen Fundortes, da dieser mittlerweile durch ein Wohnhaus überbaut ist.

Einige Meter vom Tumulus entfernt wurde ein Nischengrab gefunden. In den Nischen befinden sich die Reliefs von vier Figuren – zwei Männern, einer Frau und einem Kind. Vermutlich handelt es sich bei der Frau und dem Kind um die zwei Personen, die auch auf der Inschriftentafel des Grabtumulus benannt sind. Somit gehören Reliefstelen und Tumulus zusammen.

Andernach (Antunnacum)

In Andernach erreichte die Römerstraße von Trier den Rhein. Der Ort war in römischer Zeit ein wichtiger Handels- und Umschlageplatz, nicht zuletzt für das in der Umgebung von Mayen abgebaute Gestein. Andernach ist keltischen Ursprungs. Nach der Niederlage der Römer im Teutoburger Wald und der Festlegung des Rheins als Grenze gegen die Germanen wurde unter Kaiser Tiberius (14-37 n. Chr.) in Andernach ein Kastell errichtet. Dieses gehörte zu einer Kette von Befestigungswerken entlang des Rheins, die das Römische Reich vor Einfällen und Plünderungen durch die Germanen beschützen sollte.

In der Vergangenheit wurden in Andernach immer wieder Weihealtäre und Grabsteine von Soldaten gefunden, die die militärische Bedeutung Andernachs in römischer Zeit belegen. Allerdings ging diese Bedeutung gegen Ende des 1. Jahrhunderts n. Chr. nach und nach verloren und das Kastell wurde aufgegeben.

Wie in vielen anderen Fällen auch, entstand in der Nähe des Andernacher Kastells eine Zivilsiedlung, die auch nach Aufgabe des Kastells bestehen blieb. Diese Siedlung gewann durch den Bau eines Rheinhafens enorm an wirtschaftlicher Bedeutung. Hinzu kam, dass Andernach Stützpunkt der kaiserlichen Rheinflotte (*classis Augusta Germanica*) wurde. Deren Aufgabe war die Überwachung des Rheins und seiner schiffbaren Nebenflüsse sowie der Transport von Soldaten und Material. Die *classis Germanica* hatte mehrere Stützpunkte entlang des Rheins, wobei die Hauptbasis bei der Alteburg in Köln lag. Der Hafen von Andernach diente in erster Linie als Verladeplatz für Basalt und Tuffstein. In einem ehemaligen römischen Gebäude fand man bei Ausgrabungen viele halbfertige Mühlsteine, die dort vermutlich für die Weiterverarbeitung und den Abtransport gelagert hatten.

Andernach nahm in den ersten beiden Jahrhunderten n. Chr. eine positive wirtschaftliche Entwicklung, die zu einem entsprechenden Wohlstand führte. Es gab ein reges religiöses Leben, das seinen Ausdruck in einem heiligen Bezirk auf dem steil über der Stadt aufragenden Krahnenberg fand.

Mit dem Fall des Limes im 3. Jahrhundert n. Chr. wurde Andernach wieder Grenzstadt und um 359 zu einer Festung ausgebaut. In der Mitte des 5. Jahrhunderts n. Chr. wurde Andernach schließlich von den Franken erobert und Sitz des merowingischen Königs.

Von der bewegten römischen Geschichte Andernachs, das als eine der ältesten Städte Deutschlands gilt, ist leider nicht viel erhalten. Lediglich an einigen Stellen der Stadt sind Reste des spätrömischen Kastells als Teil der mittelalterlichen Stadtbefestigung zu sehen.

Einen kleinen Einblick in die römische Geschichte des Ortes ermöglicht die Ausstellung im Stadtmuseum, die unter anderem ein anschauliches Modell des alten römischen Rheinhafens zeigt.

Stadtansicht Andernach aus dem Jahr 1840. Vorne im Bild stehen noch die Reste eines gallo-römischen Tempels zu Ehren Rosmertas, der keltischen Göttin des Wohlstands.

3 Von Trier nach Koblenz

Trier (*Colonia Augusta Treverorum*) – Longuich – Mehring – Pölich – Detzem – Neumagen (*Noviomagus Treverorum*) – Piesport – Maring-Noviand – Bernkastel-Kues – Lösnich – Kinheim – St. Aldegund – Neef – Nehren – Pommern – Trais-Karden – Kobern-Gondorf – Winningen – Koblenz (*Confluentes*)

Die wichtigste Verbindung zwischen Trier und Koblenz war in römischer Zeit die Mosel. Dass diese als Wasserstraße genutzt wurde, belegt eindrucksvoll das Neumagener Weinschiff. Dabei handelt es sich um das Grabmal eines römischen Weinhändlers aus dem 3. Jahrhundert n. Chr. Es stellt ein Weinschiff mit Ruderern, Steuermännern und Weinfässern dar. Mit solchen Schiffen befuhren die Römer die Mosel. Sie hatten eine Länge von bis zu 50 Metern und eine Ladekapazität von etwa sechs Tonnen. Fuhr das Schiff mit der Strömung, wurde es zusätzlich von der Rudermannschaft angetrieben. Fuhr man dagegen flussaufwärts, musste das Schiff getreidelt, d.h. vom Ufer aus gezogen werden.

Das Moseltal war bereits in römischer Zeit dicht besiedelt. Schon wenige Kilometer flussabwärts hinter Trier befanden sich am und oberhalb des Flusses die Villen und Landgüter der Römer. Letztere betrieben vor allem Weinanbau, der für die Mosel schon für das 1. Jahrhundert n. Chr. belegt ist. Entlang des Moselufers entstanden in römischer Zeit zahlreiche Kelterbetriebe für die Herstellung von Wein. Darüber hinaus gab es aber auch Gewerbebetriebe oder mehr oder weniger große landwirtschaftliche Güter, deren Reste noch heute zu entdecken sind. Wein, Waren und Soldaten wurden über

die Mosel transportiert, ebenso der Moselschiefer, den die Römer für das Decken ihrer Hausdächer nutzten. Weinanbau, Gewerbe und Handel bescherten dem Moseltal in der Blütezeit der römischen Herrschaft großen Reichtum, was sich im Bau zahlreicher repräsentativer Bauten niederschlug.

Für den Transport von Waren und das Treideln der Schiffe legten die Römer rechts und links der Mosel Wege an, die von Trier bis nach Koblenz führten. In Neumagen (*Noviomagus Treverorum*) bestand eine Fährverbindung auf das gegenüberliegende Ufer der Mosel. Der Ort war zugleich die Übergangsstelle eines Weges, der von der Wittlicher Senke kommend bei Piesport einen Abstieg in das Tal der Mosel ermöglichte. Dieser Weg stellte zugleich eine Querverbindung zwischen der Straße von Trier nach Andernach und der Ausoniusstraße dar. Letztere führte von Trier durch den Hunsrück bis nach Bingen an den Rhein. Somit gehörte Neumagen (*Noviomagus Treverorum*) zu einem der wichtigsten römischen Siedlungen an der Mosel.

Steinbrüche in Trier-Pallien

Entlang der Mosel wurde an verschiedenen Stellen Sandstein abgebaut, der über die Mosel und den Rhein bis in weit entfernte Orte Germaniens transportiert werden konnte. Bereits etwas außerhalb des römischen Triers befand sich am nördlichen Moselufer die Felsfront von Pallien. Der dort vorkommende Buntsandstein wurde bereits in römischer Zeit abgebaut, da er in großen Mengen für Straßenschotterungen und als Baustein benötigt wurde. Dabei fand der Bundsandstein aus Pallien auch Verwendung für die Herstellung von Säulen, Kapitellen oder Türschwellen, aber auch für Sarkophage oder Brunneneinfassungen. Für Bildhauerarbeiten wurde er dagegen weniger genutzt, da man dazu den dichteren und festeren hellen Sandstein bevorzugte.

Obwohl der Steinbruch bis in das 19. Jahrhundert in Betrieb war, finden sich noch heute an verschiedenen Stellen die Abbauspuren

87

der Römer. So haben sich beispielsweise neben senkrecht abge-
sprengten Felsen halbkreisförmige Rillen oder rechteckig in das Gestein eingeschrotete Gräben erhalten.

Palatiolum in Trier-Pfalzel

Etwas weiter flussabwärts liegt der heutige Trierer Stadtteil Pfalzel,
der seinen Ursprung in einem kleinen Palast (*palatiolum*) hat. Dieser
befand sich etwa fünf Kilometer Luftlinie vom antiken Trier entfernt, auf einer hochwassergeschützten Erhebung direkt an der
Mosel. Der Palast bestand aus vier Bauflügeln, die um einen rechteckigen Hof gruppiert waren. Es gab einen gedeckten Innenum-
gang und Treppenhäuser. An der Westseite gab es eine Torzufahrt,
an der Nord- und Ostseite aber jeweils nur eine kleine Schlupfpfor-
te, die im Kriegsfall als Notausgang diente. Ansonsten war das Erdgeschoss nach außen geschlossen und wirkte wie eine Burg. Bei
archäologischen Ausgrabungen wurden in der Vergangenheit zahlreiche Räume, teilweise mit Mosaiken und Wandmalereien, nachgewiesen. Aufgrund dessen kann von einer luxuriösen Ausstattung
der Anlage gesprochen werden.

Es wird angenommen, dass die palastartige und zugleich vertei-
digungsfähige Anlage um 353 n. Chr. errichtet wurde. In dieser Zeit
kam es zu Einfällen der Franken, bei der auch das antike Trier in
Mitleidenschaft gezogen wurde. Der Zugang zum Palatiolum war
durch eine Vorbefestigung geschützt, in der auch eine Leibgarde
oder Truppeneinheit stationiert war, was auf die besondere Bedeutung der Anlage und die Stellung ihres Besitzers schließen lässt.

Der Palast wurde nach dem Abzug des kaiserlichen Hofes aus
Trier aufgegeben. Im Jahr 588 wurde die Anlage von dem römischen Dichter Venantius Fortunatus als Ruine beschrieben. Dieser
hatte sich in dieser Zeit auf eine Pilgerreise begeben, in deren Verlauf er auch an Trier vorbeikam. Fortunatus bezeichnete die Anlage
in Pfalzel als *prisca senatus*, was als alter Adelssitz übersetzt werden
kann.

Ziegelei in Trier-Quint

Vom heutigen Pfalzel führte die Straße weiter an der Mosel entlang und überquerte beim heutigen Ehrang die Kyll. Dazu wurde ein fester Übergang errichtet, über die die Straße weiter nach Quint führte. Dort zweigte die Straße über Wittlich nach Andernach ab. Im weiteren Verlauf der Straße nach Quint wurde bereits im 19. Jahrhundert ein ausgedehntes Gräberfeld entdeckt. Dabei wurden größere Grabdenkmäler und Reste von Skulpturen ausgegraben.

In Quint selbst befanden sich in römischer Zeit verschiedene Ziegeleien, die die an der Mosel gelegenen Lehmgruben nutzten. Eine dieser Ziegeleien wurde bereits in den 1920er Jahren freigelegt. Im Brennofen fanden sich Dachziegel, Ziegel für Fußbodenheizungen und Mauerziegel. Aufgrund der archäologischen Funde wird angenommen, dass die Ziegelei bis in das 4. Jahrhundert n. Chr. in Betrieb war.

Der Name Quint leitet sich aus seiner Lage am fünften Meilenstein (*ad quintum lapidem*) an der Straße von Trier nach Andernach ab.

Villa Urbana in Longuich

Weiter moselabwärts lag auf der rechten Uferseite die römische Siedlung Longuich, deren Name sich aus der römischen Bezeichnung langes Dorf *(Longus vicus)* ableitet. Auf den römischen Ursprung des Ortes deuten verschiedene archäologische Funde hin. Die größte Bedeutung kommt dabei den in den Weinbergen gelegenen, teilweise rekonstruierten Resten einer römischen *villa urbana* aus dem 2. Jahrhundert n. Chr. zu. Die etwa 110 Meter breite und etwa 28 Meter tiefe Anlage wurde bisher allerdings nur teilweise ausgegraben und erforscht.

Im Gegensatz zur *villa rustica* handelte es sich bei der *villa urbana* in Longuich um ein luxuriöses Anwesen, die dem Gutsherrn und

seiner Familie zeitweilig als Wohnort diente. Die Bedeutung der Villa und der Reichtum seiner Besitzer lassen sich noch heute sehr schön am aus mehreren Räumen bestehenden rekonstruierten Badetrakt des Herrenhauses sehen. Außerdem finden sich Reste einer Fußboden- und Wandheizung sowie von Wandbemalungen, Marmorverkleidungen und Glasmosaiken. Aufgrund der Größe und Ausstattung der Villa wird angenommen, dass sie einem höheren Beamten aus Trier (*Colonia Augusta Treverorum*) als Alterssitz diente. Vermutlich fiel die Villa den Germaneneinfällen in der Mitte des 4. Jahrhunderts zum Opfer.

Die *villa urbana* in Longuich kann das ganze Jahr über von außen besichtigt werden. Für die Besichtigung der Innenräume wird von Mai bis Oktober jeweils am Sonntag um 10.30 Uhr eine Führung angeboten, die auch das Innere der Villa zeigt. Für Gruppen werden von der Touristeninformation in Schweich verschiedene Angebote gemacht. Dabei handelt es sich um verschiedene Führungen mit

Die villa urbana in Longuich

Weinverköstigungen und römischem Essen sowie der Vorführung eines 1-Personen-Theaterstücks, bei dem der römische Weinhändler Rufus aus seinem bewegten Leben erzählt.

Villa rustica in Mehring

Etwa drei Kilometer Luftlinie von Longuich entfernt, liegt beiderseits der Mosel der Ort Mehring. Es wird vermutet, dass sich der Ortsname von *Mariniacum* ableitet, was übersetzt Hof des Marinus bezeichnet. Man geht also davon aus, dass ein einzelnes Landgut bzw. dessen Besitzer Namensgeber für den heutigen Ort Mehring war.

Auf der rechten Moselseite des Ortes sind die Reste einer *villa rustica*, also eines landwirtschaftlich genutztes Gutes, erhalten. Die Villa wurde in der Mitte des 2. Jahrhunderts n. Chr. errichtet und in den folgenden beiden Jahrhunderten mehrfach umgebaut. Das wur-

Die villa rustica in Mehring

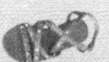

de wahrscheinlich durch den allmählich steigenden Wohlstand in der Region und den dadurch steigenden Absatz an landwirtschaftlichen Produkten möglich. Die Villa verfügte über ein Kalt- und Warmbad und eine Heizung. Außerdem waren Teile der Wandsockel mit schwarzem Marmor verkleidet.

Obwohl die Villa um 355 n. Chr. bei einem Einfall der Germanen zerstört wurde, wurde sie anschließend weiter genutzt. Überhaupt scheint die Villa in Mehring erst relativ spät gegen Ende des 5. Jahrhunderts n. Chr. aufgegeben worden zu sein.

Von Ostern bis Oktober wird jeweils am Sonntag um 11.30 Uhr eine Führungen angeboten, die die Baugeschichte der Villa erläutert und einen Einblick in das alltägliche Leben zur Römerzeit gibt.

Römische Wasserleitung
einer *villa rustica* in Pölich

Von Mehring kommend führte die Römerstraße weiter nach Pölich. Im Bereich des heutigen Ortes wurden entlang der Straße mehrere Meilensteine gefunden. Der älteste Stein stammt aus dem Jahr 100 n. Chr. und wurde unter Kaiser Marcus Ulpius Traianus aufgestellt.

In Pölich befand sich oberhalb der Kirche eine weitere römische *villa rustica*. Diese stammte aus dem 3./4. Jahrhundert und besaß eine reiche Ausstattung, die in der Nachkriegszeit aber leider fast vollständig zerstört wurde.

Erhalten blieb allerding eine in den Fels gehauene Wasserleitung, die der Versorgung der Badeanlage der Villa diente. Die Leitung fasste eine oberhalb gelegene Quelle ab und führte das Wasser von dort zu Tale. Ein etwa 50 Meter langer Teil dieser insgesamt 430 Meter langen Wasserleitung wurde 1987/88 freigelegt und begehbar gemacht. Der Stollen, durch den das Wasser floss, hat eine durchschnittliche Höhe von 1,20 Meter und ist etwa einen halben Meter breit. In Abständen von etwa 10 Metern finden sich runde Einstiegsschächte, die vermutlich für den Bau der Wasserleitung dienten.

Detzem

Der Ort Detzem auf der rechten Moselseite gegenüber von Pölich leitet seinen Namen von *ad decimum lapidem* (am zehnten Meilenstein) ab. Detzem besaß vermutlich eine Straßenstation und eine Übernachtungsmöglichkeit. In der Vergangenheit wurden mehrere Meilensteine gefunden, die aus dem 2. und 3. Jahrhundert n. Chr. stammten. Außerdem Siedlungsreste und Brandgräber.

Neumagen (Noviomagus Treverorum)

Die auf dem rechten Moselufer gelegene Siedlung gilt heute als der älteste Weinort der Mosel. In römischer Zeit führte hier eine von

Das Haus wurde auf einem ehemaligen römischen Wachturm in Neumagen errichtet

Wittlich über Piesport kommende Straße über die Mosel. Neumagen war eine wichtige Anlegestelle für Schiffe und darüber hinaus Markt und Umschlagplatz für zahlreiche Produkte. Vermutlich wurde der Ort bei den Germaneneinfällen um 275 n. Chr. zerstört.

In konstantinischer Zeit wurde Neumagen durch ein Kastell befestigt. Dieses war von Ost nach West 131 Meter breit und von Nord nach Süd 112 Meter lang. Es war durch etwa 3,65 Meter dicken Mauern, zwei Toranlagen und 13 Rundtürme befestigt. Letztere hatten jeweils einen Durchmesser von etwa 10 Metern. Bis auf einige wenige Mauerreste wurde das Kastell im Laufe der Zeit abgebrochen. Die Reste der ehemaligen Befestigungsmauer können aber heute noch auf einem archäologischen Rundweg besichtigt werden.

In Neumagen wurden seit dem Ende des 19. Jahrhunderts Ausgrabungen durchgeführt, die zahlreiche Funde römischer Artefakte zeitigten und dem Ort schon die Bezeichnung moselländisches Pergamon einbrachten. Insbesondere die gefundenen Grabsteine zeugten von hoher Qualität und großen kunsthandwerklichen Fähigkeiten. Auffallend sind dabei vor allem die zahlreichen Alltagsdarstellungen und die Vielfallt der behandelten Themen. Ein Beispiel für die Besonderheit der Neumagener Grabmäler ist das bereits zu Beginn beschriebene Neumagener

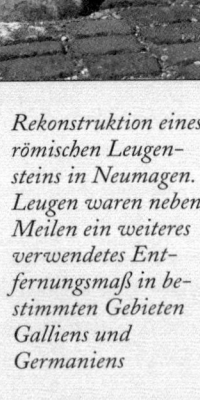

Rekonstruktion eines römischen Leugensteins in Neumagen. Leugen waren neben Meilen ein weiteres verwendetes Entfernungsmaß in bestimmten Gebieten Galliens und Germaniens

Weinschiff. Da die Grabmäler alle im Fundament der Neumagener Befestigung gefunden wurden, wird angenommen, dass diese mit dem Schiff von den Gräberfeldern um Trier nach Neumagen gebracht und dort als Fundamentsteine verwendet wurden.

In Neumagen liegt seit 2007 der originalgetreue Nachbau des Neumagener Weinschiffes (*Stella Noviomagi*) vor Anker. Das Schiff wurde von Auszubildenden der Trierer Handwerkskammer gebaut und ist etwa 18 Meter lang. Es wird von zwei Dieselmotoren angetrieben, kann aber auch gerudert werden. Das Neumagener Weinschiff kann von Gruppen bis zu 40 Personen gemietet werden. Von Ostern bis Oktober sind aber auch für Einzelpersonen kleinere Flussfahrten am Wochenende möglich. Diese können über die örtliche Tourist Information gebucht werden.

Kelteranlage in Piesport

Die Bedeutung des Weinanbaus für die Römer zeigt sich in verschiedenen erhaltenen archäologischen Funden. In Piesport, das zu den größten Weinbaugemeinden an der Mosel gehört, wurden zwei römische Kelteranlagen aus dem 2. und 4. Jahrhundert n. Chr. erhalten. Letztere gilt als die größte Anlage dieser Art nördlich der Alpen und wurde teilweise rekonstruiert. Sie hatte ursprünglich eine Kapazität von etwa 30.000 Litern pro Jahr. Die Anlage besteht aus einem Baumkelter, sieben Becken und einer Reihe von Kellerräumen zur Einlagerung des Weins. Aufgrund ihrer Größe von etwa 60 Hektar Anbaufläche geht man davon aus, dass es sich bei der Kelterei um einen staatlichen Betrieb handelte. Aufgrund der archäologischen Untersuchung der Anlage wird angenommen, dass sie bis in das 5. Jahrhundert n. Chr. in Betrieb war.

Am zweiten Oktoberwochenende findet jährlich ein römisches Kelterfest statt. Dabei wird die Uferpromenade von Piesport zur Weinstraße (*Via Vinorum*), auf der Weine aus den Piesporter La-

gen angeboten werden. Darüber hinaus werden ein römischer Festumzug veranstaltet und Fahrten mit dem Weinschiff *Stella Noviomagi* angeboten. In der Kelteranlage kommt während des Festes eine originalgetreu rekonstruierte römische Weinpresse zum Einsatz.

Landgut und Gräberfeld in Piesport-Niederemmel

Ebenfalls auf der rechten Moselseite befand sich in Piesport-Niederemmel ursprünglich ein großes römisches Landgut, von dem heute jedoch nichts mehr zu sehen ist. Es wurde vermutlich im Mittelalter vollständig abgetragen, da man das Steinmaterial für andere Bauten benötigte.

Direkt an der Mosel fand man in einem Gräberfeld drei Sandsteinsarkophage.

In einem davon wurde neben Tonware das berühmte Diatretglas von Niederemmel gefunden. Dieses farblose Glas ist an der Außenseite mit einem Netzwerk von Kreismustern verziert, die an den jeweiligen Schnittstellen mit Blättchen verfeinert sind. Die Besonderheit des Glases liegt darin, dass das Netzdekor der Außenseite mit großer Mühe herausgeschliffen wurde. Ein solch kunstvoll hergestelltes Glas fand sich in der ersten Hälfte des 4. Jahrhunderts bevorzugt im Umfeld des Kaisers und der höheren Beamtenschaft.

Kelteranlage in Maring-Noviand

Neben der Kelteranlage in Piesport folgen flussabwärts noch weitere Anlagen wie beispielsweise rund um Bernkastel-Kues. Etwas abseits der Mosel findet sich eine dieser Kelteranlagen in Maring-Noviand, die im Gegensatz zu den genannten Anlagen nicht inmitten der römerzeitlichen Rebflächen gebaut wurden, sondern zu einem

großen römischen Gutshof aus dem 2. bis 4. Jahrhundert n. Chr. gehörten.

Von der Kelteranlage sind vier Becken erhalten, über die aus konservatorischen Gründen ein Schutzbau errichtet wurde. In der Außenanlage ist ein schwerer Sandstein zu sehen, der ursprünglich vermutlich als Kelterstein einer Spindel- oder Haspelpresse verwendet wurde.

Alle zwei Jahre veranstalten die Mitglieder des Vereins Römerkelter eine Aktion, bei der die Weintrauben wie in der Römerzeit mit Füßen ausgepresst werden.

Princastellum in Bernkastel-Kues

In Bernkastel-Kues muss es auch schon in römischer Zeit eine Siedlung gegeben haben, auch wenn davon keine archäologischen Überreste ausgemacht werden konnten. Vor allem der Platz der Burg Landshut war schon in spätrömischer Zeit besiedelt. Das wurde durch Funde wie Gürtelschnallen und Beschläge oder Keramik unterhalb der Burg bestätigt. Die Umgebung von Bernkastel-Kues war in römischer Zeit ein wichtiges Weinanbaugebiet mit den entsprechenden Bauten.

Der Wein- und Kulturbotschafter Hans Peter Kuhn führt in der warmen Jahreszeit in römischer Tunika und Sandalen durch die Gassen und Winkel von Bernkastel-Kues. Dabei wird die Tour auf Wunsch auch in die stadtnahen Weinberge ausgedehnt.

Landgut in Lösnich

In den 1970er Jahren wurde in Lösnich ein ausgedehntes Landgut mit zahlreichen Wirtschaftsgebäuden, Tempeln und einem Gräberfeld ausgegraben und untersucht. Die Anlage liegt auf einem sanft

97

geneigten Hang oberhalb des Kluckertbachs. Das Hauptgebäude wurde in römischer Zeit mehrfach umgebaut und verstärkt. In den Wirtschaftsanlagen gab es Anlagen für die Weinherstellung, eine Remise und Werkräume für die Herstellung von Geräten, Schmiedearbeiten und verschiedene häusliche Arbeiten, wie beispielsweise das Backen von Brot. In unmittelbarer Nähe zum Landgut befand sich ein Tempel mit einem Grabhügel, in dem mehrere Brandbestattungen gefunden wurden.

Unterhalb des Landguts konnten am Kluckertbach mehrere Eingriffe in den Bachlauf nachgewiesen werden. So wurde an einer Stelle das Bachtal erweitert, wodurch eine größere Aufstaumöglichkeit geschaffen wurde. Es wird angenommen, dass alle diese Maßnahmen dem Betrieb von Wasserrädern dienten.

Landgut in Kinheim

Ein weiteres römisches Landgut findet sich auf dem rechten Moselufer, gegenüber von Kinheim. Dieses wurde an die Stelle eines älteren Gebäudes gesetzt, das lediglich halb so groß war. Das Landgut bestand aus mehreren Wohn- und Wirtschaftsräumen und verfügte über ein größeres Bad und teilweise über eine Fußbodenheizung.

Bei den Ausgrabungen fand man im Schutt des Gebäudes eine Steinskulptur des Gottes Sucellus, der den Römern als Schutzgott der Vegetation und der Weinernte galt. Die Skulptur ist durch den Böttcherhammer, die Weinfässer und die Weintrauben leicht zu erkennen.

Steinkammergrab in St. Aldegund

Etwa 500 Meter südlich des Friedhofs wurde 1953 beim Umgraben des Weinberges ein römisches Steinkammergrab gefunden. Dabei handelte es sich um eine mit Steinplatten abgedeckte Kammer, in der eine bedeutende Person begraben war. Das konnte aufgrund des

Goldbrokatgewandes des Verstorbenen sowie der Grabbeigaben in Form von Glas und Goldschmuck leicht nachgewiesen werden. Von besonderer Bedeutung war ein etwas über 20 Zentimeter langes Schiff aus geschliffenem und poliertem dunkelblauen Glas.

In der Nähe wurden die Reste eines weiteren Grabes gefunden. Dabei handelte es sich vermutlich um das Grab einer Christin, was sich aus einem in die Deckenplatte eingemeißelten Christusmonogramm erschließen lässt. Allerdings sprechen die Grabbeilagen eher für eine traditionelle römische Bestattung.

Höhenbefestigung auf dem Petersberg bei Neef

Kurz hinter St. Aldegund befand sich auf dem rechten Moselufer in später Römerzeit eine römische Befestigungsanlage. Die erhöhte Lage auf dem Petersberg erlaubte einen sehr guten Blick über das Moseltal. Leider ist von der Befestigungsanlage kaum etwas erhalten. Wer sich allerdings die Zeit nimmt, um das Gelände gründlich zu erkunden, kann auf die Reste der Anlage stoßen.

Bergheiligtum auf dem Calmont

Zwischen den Ortschaften Bremm und Edinger-Eller befindet sich auf dem Calmont, dem steilsten Weinberg Europas, ein rekonstruiertes Bergheiligtum. Dabei handelte es sich um einen gallo-römischen Umgangstempel. Dieser bestand aus einem quadratischen hohen Mittelbau mit einem Raum und einer Tür. Um ihn herum verlief ein offener Gang, dessen Dach von Säulen getragen wurde. Es wurden zahlreiche Kleinfunde gemacht, darunter Münzen, Glas- und Keramikstücke sowie kleine Figuren aus Terrakotta, die belegen, dass der Tempel vom 2. bis zum 4. Jahrhundert n. Chr. genutzt wurde. Welche Gottheiten in dem Tempel auf dem Calmont verehrt wurden, ist unbekannt. Es wird aber gemutmaßt, dass es sich um keltische Gottheiten handelte.

Doppelgrabkammer in Nehren

Auch in Nehren befand sich ursprünglich ein römischer Gutshof, der vor allem Wein anbaute. Oberhalb des Hofes in den Weinbergen von Nehren fanden die Gutsherren ihre letzte Ruhestätte. Die beiden Grabtempel wurden rekonstruiert und geben ein anschauliches Beispiel für die römische Begräbniskultur. Im Original erhalten sind Wandmalereien in der linken Grabkammer, die durch ein Fenster zu sehen sind. Diese gelten als die besterhaltenen Gewölbemalereien nördlich der Alpen. Dafür sind in der anderen Grabkammer der Estrichboden und der Sarkophagtrog im Original erhalten.

Da das Gelände im Bereich der Grabkammer in einem Neigungswinkel von etwa 30 Grad zur Mosel abfällt, besteht der Grabbau aus zwei Geschossen. Die eigentliche Grabkammer liegt im Untergeschoss und ist in den Schieferhang getrieben. Das Obergeschoss bildet ein kleines Tempelchen, bestehend aus einem Raum mit einer Vorhalle.

Die Doppelgrab-
kammer in Nehren

Ähnliche Grabstätten finden sich auch an anderer Stelle an der Mosel. Sie stammen, wie der Grabtempel in Nehren aus der Zeit um das 3. und 4. Jahrhundert, als die Römer von der Feuerbestattung zur Körperbestattung übergingen.

Archäologiepark Martberg bei Pommern

Das Gebiet zwischen Nehren und Pommern war in römischer Zeit dicht besiedelt, auch wenn sich nur vereinzelt Zeugnisse aus dieser Zeit erhalten haben. Ein größeres römisches Bauwerk befand sich aber erst wieder auf dem Martberg bei Pommern. Dort existierte schon um 100 v. Chr. eine befestigte Siedlung der Treverer.

In römischer Zeit entwickelte sich dort ein gallo-römischer Tempelbezirk von überregionaler Bedeutung. Im 3. Jahrhundert n. Chr. erlebte die Anlage ihre Blütezeit. Innerhalb des Tempelbezirks standen ursprünglich vier bis fünf Tempelbauten. Üblicherweise wurden Münzen oder Schmuckgegenstände, später auch Miniaturgefäße geopfert. Viele dieser Opfergaben konnten später bei Ausgrabungen gefunden werden. Aufgrund eines gefundenen Weihesteins wissen wir heute, welcher Gottheit geopfert wurde. Auf diesem Weihestein dankt der Grieche Tychikos dem Gott Lenus Mars für die Erfüllung seiner Bitte. Große Teile der ursprünglichen Tempelanlage wurden rekonstruiert und vermitteln dadurch einen Einblick in das religiöse Leben der Kelten und Römer. Die auf dem Martberg gefundenen Gegenstände können im Stiftsmuseum in Treis-Karden besichtigt werden.

Der Archäologie-Park ist von April bis Juni und im Oktober freitags bis sonntags und feiertags von 11-17 Uhr geöffnet. Von Juli bis September mittwochs bis sonntags von 11-17 Uhr. Führungen werden an Wochentagen um 15:30 Uhr sowie samstags, sonntags und feiertags um 13:30 und 15:30 Uhr angeboten. Darüber hinaus bietet der Archäologie-Park ein Angebot für Gruppen und spezielle Workshopangebote für Kinder und Jugendliche.

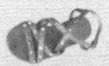

Treis-Karden

Die Geschichte des heutigen Karden reicht bis in die vorrömische Zeit zurück. Allerdings muss die weitere Entwicklung des Ortes in Zusammenhang mit der Tempelanlage auf dem Martberg gesehen werden, wohin der Hauptweg von Karden aus führte. Die überregionale Bedeutung der Tempelanlage auf dem Martberg verschaffte dem Ort schließlich eine besondere wirtschaftliche Blütezeit.

Die ältesten archäologischen Funde in Karden werden auf das 1. Jahrhundert n. Chr. datiert und ziehen sich bis in das 4. Jahrhundert n. Chr. Bei Ausgrabungen wurden mehre Reste von Wohn- und Wirtschaftsgebäuden gefunden, darunter ein Pfahlrost für Speicherbauten, ein Raum mit Kanalheizung, ein Brunnen und einige Keller. Unter St. Kastor wurde ein größeres, mehrfach umgebautes Haus mit einem guterhaltenen Keller mit Treppe und Wandnische gefunden. Bei den Ausgrabungen zeigte sich, dass die Wohngebäude der Siedlung offenbar weitgehend in Fachwerktechnik errichtet wurden.

Vor der ehemaligen römischen Siedlung wurden zahlreiche Töpferfunde gemacht, was auf einen größeren Töpfereibezirk schließen lässt. Am Ende der Siedlung wurde die Straße entlang der Mosel von der Straße gekreuzt, die von Mayen nach Kastellaun führte.

Neben den genannten Funden wurden in Karden mehrere Gräber entdeckt, die allerdings von Franken in den Schuttschichten der römischen Siedlung angelegt wurden. Diese Gräber datieren aus der zweiten Hälfte des 5. Jahrhunderts n. Chr.

Kobern-Gondorf

Auch in Kobern befand sich in römischer Zeit eine Siedlung. Bei Ausgrabungen wurden verschiedene Gräber gefunden. Außerdem ein römischer Töpferofen aus dem 2. Jahrhundert n. Chr. Im Jahr 1964 wurden bei Baggerarbeiten an der Mosel eine Bronzefigur eines Hirsches und des Herkules entdeckt. Die 16 Zentimeter große

Herkulesfigur ist eine sehr hochwertige Arbeit, die nach einem griechischen Vorbild gearbeitet war. Die Statuette stammt wahrscheinlich aus dem 1. bis 2. Jahrhundert n. Chr.

Römischer Gutshof in Winningen

Der römische Gutshof in Winningen wurde beim Bau der Autobahn von Ludwigshafen nach Köln entdeckt und ausgegraben. Anschließend wurden die Reste des Gutshofes in den Autobahnrastplatz integriert. Bei dem Gutshof in Winningen handelte es sich um ein römisches Landgut von mittlerer Größe mit einem typischen Grundriss. Es gab eine Badeanlage und eine Wasserleitung führte Frischwasser aus dem Quellbereich des Büngtelbaches heran.

Für den Gutshof sind keine größeren Um- oder Erweiterungsbauten belegt. Vermutlich haben die Bewohner die Anlage vor der Aufgabe des Limes 259/260 n. Chr. verlassen, um den immer häufiger werdenden Germaneneinfällen zu entgehen. Allerdings wurde das Gebäude noch bis in das 4. Jahrhundert n. Chr., zumindest in Teilbereichen, genutzt.

Bei den Ausgrabungen wurden neben dem Gutshof noch ältere Bebauungsspuren gefunden, die bis in das 1. Jahrhundert v. Chr. zurückreichen, aber auch eine Grabstätte aus dem 7. Jahrhundert n. Chr.

Koblenz (Confluentes)

In Koblenz erreichte die von Trier kommende Römerstraße nach etwa 165 Kilometern ihr Ziel. Hier traf sie auf die von Nord nach Süd verlaufende römische Rheinstraße, die zu den wichtigsten Verkehrsverbindungen im Norden des Römischen Reiches gehörte. Koblenz selbst stellte aufgrund seiner Lage am Treffpunkt dieser beiden Straßen sowie der beiden Flüsse Rhein und Mosel einen strategisch sehr bedeutsamen Ort dar. Hinzu kam die Nähe zum rechtsrheinischen Limes.

In Koblenz existierte bereits vor 70 n. Chr. ein Auxiliarlager, d.h. ein Lager für römische Hilfstruppen, die zur Verteidigung des Limes abgestellt waren. Aufgrund von archäologischen Ausgrabungen wird angenommen, dass der Kastellgraben in dieser Zeit zugeschüttet wurde. Die für römische Militärlager typische zugehörige Zivilsiedlung befand sich zwischen Kastell und Rhein. Über die Bebauung dieser Siedlung ist bis heute nur wenig bekannt.

Nach der Auflösung des oben genannten Kastells entwickelte sich im Schutz des rechtsrheinischen Limes eine offene städtische Siedlung. Diese wurde nach der Aufgabe des Limes unter Kaiser Konstantin durch eine Befestigungsanlage geschützt, deren Reste auch noch im heutigen Stadtbild zu erkennen sind. Diese Anlage bestand aus einer über zwei Meter dicken und etwa sechs Meter hohen Mauer, die in regelmäßigen Abständen durch Rundtürme unterbrochen war. Bei Ausschachtungsarbeiten für den Bau von zwei Tiefgaragen konnten in den letzten Jahren sowohl das Südtor als auch das Nordtor der Anlage lokalisiert werden.

Über die Innenbebauung der Befestigungsanlage liegen keine Kenntnisse vor. Im Bereich der heutigen Liebfrauenkirche wurde ein Großbau entdeckt, dessen Funktion aber nicht bekannt ist. Allerdings weiß man, dass dieser Bau in frühfränkischer Zeit als christliche Kultstätte genutzt wurde. Hier zeigt sich, dass Koblenz nach seiner Eroberung durch die Franken im 5. Jahrhundert n. Chr. weiter besiedelt wurde. Die Franken nutzten, wie anderswo auch, die Annehmlichkeiten der römischen Stadt und die gut erhaltene Befestigungsanlage und machten Koblenz zu einem fränkischen Königshof.

Moselbrücke

Etwa 50 Meter unterhalb der aus dem 15. Jahrhundert stammenden Balduinbrücke befand sich ab dem 2. Jahrhundert n. Chr. eine römische hölzerne Pfahljochbrücke. Die Reste dieser Brücke wurden in den 1960er Jahren untersucht. Dabei kamen zahlreiche Steinquader und Holzpfähle zum Vorschein. Die Untersuchung

der Pfähle ließ eine Datierung der Brücke auf den Anfang des 2. Jahrhunderts n. Chr. zu. An der Brücke sind im 3. Jahrhundert n. Chr. Instandsetzungsarbeiten durchgeführt worden. Dabei wurden Steinquader verbaut, die durch den Abbruch größerer an der Mosel gelegener Grabmonumente gewonnen worden waren. Vermutlich geschah dies im Zusammenhang mit der Befestigung der Stadt als Folge der Aufgabe des rechtsrheinischen Limes. Wann die römische Moselbrücke dann endgültig aufgegeben wurde, ist nicht bekannt.

Rheinbrücke

Neben der Moselbrücke gab es in römischer Zeit auch eine Brücke über den Rhein. Diese nutzte die zahlreichen Sandbänke im Fluss und führte von Koblenz zum Fuße des Ehrenbreitsteins. Im Jahr 1980 wurden die Reste dieser Brücke auf dem Grund des Rheins untersucht. Dabei wurde festgestellt, dass es sich bei dem Bauwerk ebenfalls um eine römische Pfahljochbrücke handelte. Außerdem fand man über 70 Holzpfähle, deren chronologische Untersuchung eine Datierung der Brücke auf die Mitte des 1. Jahrhunderts n. Chr. ermöglichte. Vermutlich sollte die Brücke zur Vorbereitung der Ausdehnung des römischen Einflussbereichs auf die rechte Rheinseite dienen.

Römisches Kastell in Koblenz-Niederberg

Um das Jahr 100 n. Chr. wurde im heutigen Stadtteil Niederberg auf der rechten Rheinseite ein weiteres Kastell errichtet. In diesem waren römische Hilfstruppen untergebracht, die zur Sicherung des etwa sieben Kilometer entfernten obergermanischen Limes abgestellt waren. Das Kastell bestand aus einer über ein Meter dicken Mauer, Tortürmen und Gräben. Die innere Bebauung konnte bis heute nicht vollständig rekonstruiert werden. Allerdings wurde an

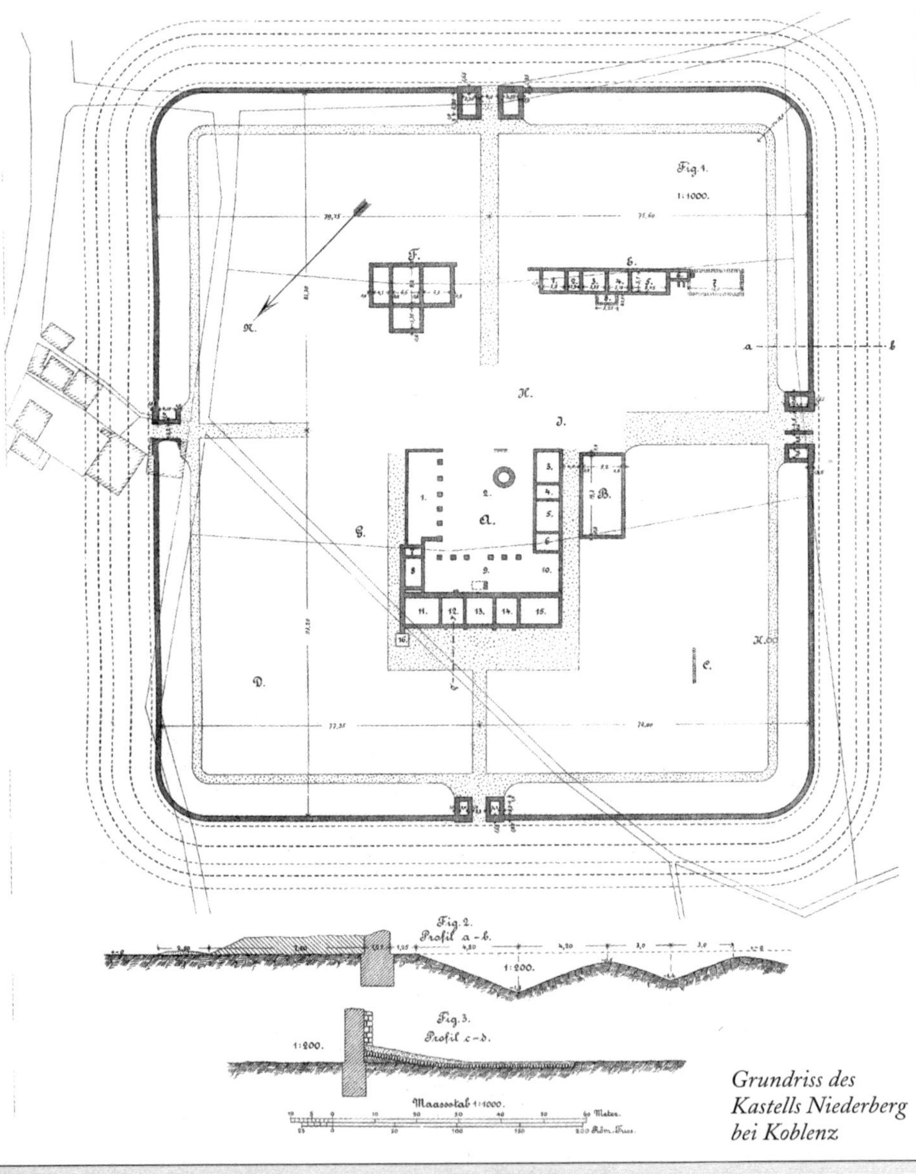

Fig. 1.
1:1000.

Fig. 2.
Profil a–b.
1:800.

Fig. 3.
Profil c–d.
1:800.

Maassstab 1:1000.

Grundriss des
Kastells Niederberg
bei Koblenz

der Rheinseite eine umfangreiche Badeanlage entdeckt. Unmittelbar angrenzend an die Anlage befand sich die übliche Zivilsiedlung, an der sich wiederum ein größeres Gräberfeld anschloss. Das Kastell bestand bis etwa um 260 n. Chr. und musste dann aufgrund zunehmender militärischer Vorstöße der Franken geräumt werden.

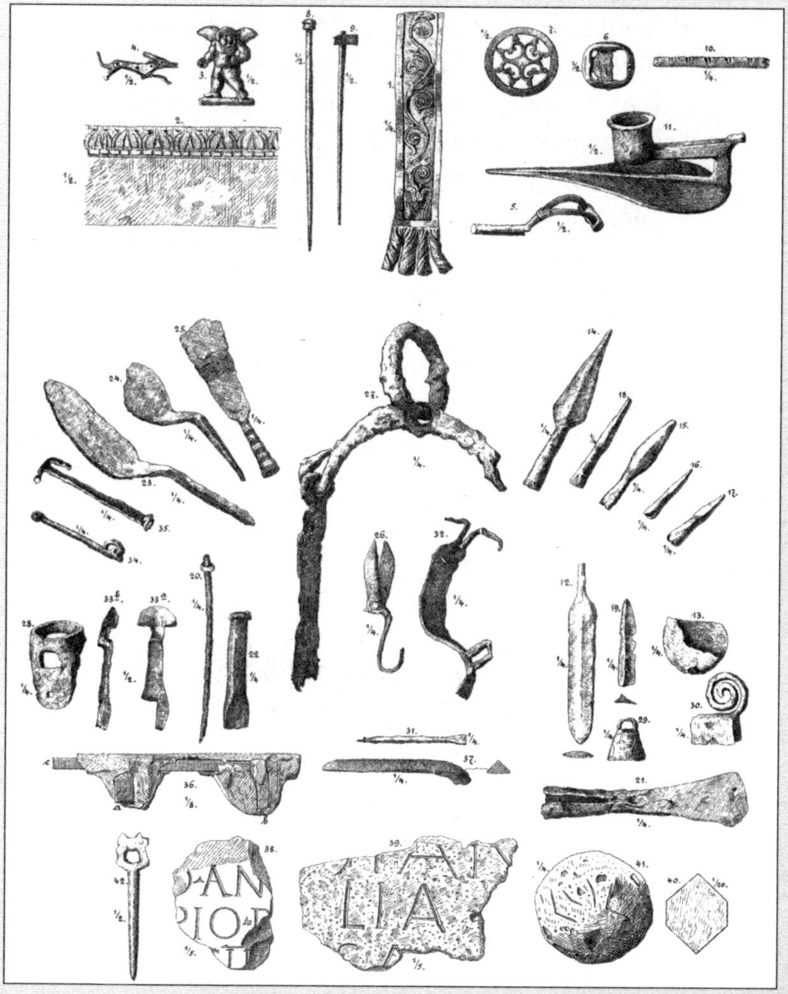

Verschiedene Funde, die 1895 bei Ausgrabungen im Kastell Niederberg gemacht wurden

4 Von Koblenz nach Köln
(Via Romana)

Koblenz (*Confluentes*) – Mülheim-Kärlich –
Weißenturm – Brohltal (Abzweigung) –
Bad Breisig – Sinzig – Ahrtal (Abzweigung) –
Remagen (*Rigomagus*) – Bonn (*Bonna*) –
Wesseling (*Wasliacum*)– Köln (*Colonia
Claudia Ara Agrippinensium*)

Die Bezeichnung Via Romana ist keine historische Straßenbezeich-
nung. Trotzdem wurde sie in der jüngeren Vergangenheit für die römische Rheinstraße verwendet. Damit soll die besondere Stellung
dieser Straße hervorgehoben werden, die eine der bedeutendsten
Verkehrswege im Norden des Römischen Reiches darstellte.

Die Via Romana entstand vermutlich schon zu Beginn des 1.
Jahrhunderts n. Chr. und verband Italien mit den römischen Provinzen *Germania superior* und *Germania inferior*. Die Via Romana
gehört mit der Agrippastraße zu den ältesten Straßen im Rheinland. Sie erreichte, von Mailand kommend, bei Augst (*Augusta Rau-
rica*) den Rhein und führte von dort den Fluss entlang bis an die
Nordsee.

Die Bedeutung der Rheinstraße beruhte vor allem auf ihrer Funktion als Militärstraße, die eine schnelle Verlegung von Truppen an
die unruhige Rheingrenze zu Germanien möglich machte. Diese war
nach der Niederlage von Publius Quinctilius Varus im Teutoburger
Wald und dem letzten erfolglosen rechtsrheinischen Eroberungszug
von Germanicus Julius Caesar im Jahr 15 n. Chr. festgelegt und in
der Folgezeit durch verschiedene Kastelle und Soldatenlager befes-

Limesphase 1: Weg mit Holztürmen

Limesphase 2: Weg, Holztürme, Palisade

Limesphase 3: Weg, Steintürme, Palisade

Limesphase 4: Weg, Steintürme, Wall und Graben

*Entwicklung
der römischen
Wachtürme am
obergermanisch–
raetischen Limes*

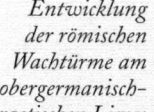

tigt worden. In diesem Zusammenhang entstanden die Befestigungsanlagen in Koblenz, Andernach und Bonn.

Im 1. Jahrhundert n. Chr. wurde als zusätzlicher Schutz gegen Einfälle der Germanen ins Römische Reich der obergermanisch-raetische Limes gebaut. Dabei handelte es sich um eine Grenzbefestigung aus Palisaden und Wachtürmen, die sich vom Rhein bis an die Donau zog. Im 2. Jahrhundert wurde der Limes durch Mauern, steinerne Türme und Kastelle weiter verstärkt. Der Anfangspunkt des Limes lag auf der rechten Rheinseite, zwischen Bad Hönningen und Rheinbrohl.

Gutshöfe in Mülheim-Kärlich

Über eine hölzerne Brücke, die etwas unterhalb der heutigen Balduinbrücke die Mosel überquerte, führte die Via Romana zunächst in das heutige Gebiet der Stadt Mülheim-Kärlich. Die Umgebung der Stadt war vermutlich schon seit der Jungsteinzeit permanent besiedelt. In römischer Zeit existierten hier mehrere Gutshöfe, von denen einige in den 1970er und 80er Jahren entdeckt wurden. Einen Gutshof fand man 1977 beim Abbau von Bims. Aufgrund des schlechten Erhaltungszustandes konnten aber so gut wie keine Angaben über den ursprünglichen Zustand des Hofes gemacht werden. In den ehemaligen Kellerräumen fanden sich allerdings Reste eines bemalten Wandverputzes. Außerdem konnten Räume mit einer Fußbodenheizung ausgemacht werden. Vermutlich wurde der Hof vom 1. bis in das 3. Jahrhundert n. Chr. genutzt, bevor er aufgrund der zunehmenden Bedrohung durch die Germanen aufgegeben werden musste.

Im Ortsteil Depot wurden 1983 die Mauerreste eines weiteren Gutshofes entdeckt, der aber deutlich größer war als das 1977 entdeckte Gebäude. Insbesondere das Bad der Anlage war in Teilen gut erhalten. Das betraf vor allem die Badewanne und die Fußbodenheizung. Die Funde stammen im Wesentlichen aus dem 3. Jahrhundert n. Chr.

110

Töpferzentrum in Weißenthurm

Weiter rheinabwärts, etwas südlich der heutigen Gemeinde Weißenthurm, existierte eine römische Siedlung, deren Reste in den 1960er Jahren durch den Bimsabbau zerstört wurden. In dieser Zeit wurden umfangreiche Ausgrabungen durchgeführt, bei denen Vorratsgruben und kellerartige Räume mit Keramik aus dem 2. Jahrhundert n. Chr. gefunden wurden. Schon bei früheren Ausgrabungen waren römische Siedlungsreste und Töpfereiöfen festgestellt worden, die auf ein bedeutendes Töpfereizentrum schließen ließen. Ein Teil der produzierten Töpferwaren hatte man zudem im Limeskastell Niederbieber auf der rechten Rheinseite gefunden. Außerdem wurden in der Gewerbesiedlung auch Ziegel gebrannt. Da Eisenschlacke und ein Ofen mit ungewöhnlich dicken Mauern gefunden wurden, geht man auch von der Existenz eines Metallverarbeitungsgewerbes aus.

Unmittelbar an die Töpferwerkstätten schloss sich die Siedlung an, die sich um die Mitte des 2. Jahrhunderts n. Chr. unter dem Schutz des Limes entwickelt haben muss. Aufgrund der oben genannten Ausgrabungen konnte eine dichte Bebauung nachgewiesen werden. Da die Steine der römischen Bebauung aber im Mittelalter abgetragen und zum Hausbau verwendet wurden, konnten nur noch die tiefer im Boden befindlichen Hausteile wie Brunnen oder Keller nachgewiesen werden. Außerdem in Kastenform gemauerte Gruben, über deren Funktion man noch nichts Genaues weiß.

Aufgrund der nachgewiesenen Um- und Ausbauten geht man von einer längeren Nutzung der Gewerbe- und Wohngebäude aus. Die zum Teil aufwändige Gestaltung der Wohngebäude mit Wandverputz oder Wandmalerei deutet auf einen gewissen Wohlstand der Bevölkerung hin. Man nimmt an, dass der Töpfereibetrieb nach der Aufgabe des Limes im Jahr 259/260 n. Chr. eingestellt wurde, die Siedlung allerdings noch weiter bestand.

Das Brohltal

Vom Töpfereizentrum in Weißenturm führte die Via Romana weiter nach Andernach, das einen wichtigen Handels- und Umschlagplatz für die in der Umgebung produzierten Waren und gewonnenen Rohstoffe darstellte. Dazu gehörte unter anderem Tuffstein, der im nördlich von Andernach gelegenen Brohltal abgebaut wurde. Im Gegensatz zum noch etwas weiter nördlich gelegenen Ahrtal erlaubte das enge und dunkle Brohltal keinen Weinanbau. Stattdessen nutzten die Römer die mineralischen Heilquellen des Tals und betrieben den Abbau von Tuffstein.

Von den mineralischen Quellen kam der Heilquelle von Bad Tönisstein eine besondere Bedeutung zu, was durch mehrere Funde in der Umgebung der Quelle belegt ist. So fand man bereits 1862 eine Ansammlung von etwa 100 Münzen in der Felsspalte, aus der die Quelle hervortritt. Dabei handelte es sich um Opfermünzen zu Ehren der Götter, die eine schnelle Heilung des Patienten unterstützen sollten.

Im 19. Jahrhundert waren an den Hängen des Brohltals noch vielerorts Spuren des römischen Tuffsteinabbaus zu finden, was mittlerweile aber nicht mehr der Fall ist. Es kam in der Vergangenheit aber vor, dass römische Tunnel überraschend einstürzten und dadurch Bergschäden entstanden.

Der Tuffstein im Brohltal entstand durch Ablagerungen in Folge eines Vulkanausbruches unter dem heutigen Laacher See, der vor etwa 13.000 Jahren stattfand. Dabei entstand eine etwa 30 Meter dicke Schicht, von der nur die ersten drei Meter und die unterste 14 Meter dicke Schicht abbaubar sind. Dazwischen befindet sich die unbrauchbare Tuffasche. Der römische Tuffabbau beschränkte sich auf die ersten drei Meter, die heute als Römertuff bezeichnet werden.

Die besondere Eigenschaft des Tuffsteins liegt vor allem in seiner leichten Bearbeitung im feuchten Zustand. Im trockenen Zustand ist er dann relativ leicht und kann gut transportiert werden. Da der Stein in alle Richtungen hin spaltbar ist, können auch große Blöcke aus dem Fels gehauen werden. Die Römer nutzten Tuffstein auf-

1 *Römerwarte Katzenberg bei Mayen*

2　*Römerbergwerk Meurin*

3   *Nachbau des Neumagener Weinschiffes*

4   *Rekonstruierter gallo-römischer Tempel auf dem Martberg bei Pommern*

5
*Römischer Wacht-
turm am Limes bei
Bad Hönningen*

6   Reste einer römischen Thermenanlage in Bonn

7　Zugang zum Römergrab in Köln–Weiden

8
Römische
Jupitersäule
aus der Nähe
von Jülich

grund der genannten Eigenschaften gerne als Baumaterial. Im römischen Köln wurde er beispielsweise für den Bau des Ubiermonuments oder der Stadtmauer verwendet. Als Bildhauermaterial war Tuffstein dagegen weniger geeignet.

Der Abbau des Tuffgesteins erfolgte bis in die Mitte des 2. Jahrhunderts n. Chr. durch römisches Militär, bevor auch private Unternehmer tätig wurden. Die römische Rheinflotte, die *Classis Germanica,* war am Abtransport des Tuffgesteins beteiligt. Allerdings erfolgte der Transport nicht auf dem Brohlbach, der dafür zu wenig Wasser führte, sondern auf dem Weg, der durch das Tal führte. In Andernach wurde das Gestein auf Schiffe verladen und auf dem Fluss weiter transportiert.

Römerturm in Bad Hönningen

Von der Mündung des Brohlbaches in den Rhein ein Stück weiter rheinabwärts, begann auf der rechten Rheinseite zwischen Bad Hönningen und Rheinbrohl die Grenzbefestigung des obergermanisch-raetischen Limes. Den Anfangspunkt markierten ein Wachturm und ein kleines Kastell. Von diesen ist heute leider nichts mehr erhalten. Allerdings wurde 1972 der erste Wachturm des Limes rekonstruiert. Er steht heute in Rheinbrohl, etwas südöstlich des ursprünglichen Standortes. Der Bruchstein der beiden Untergeschosse ist römischen Ursprungs und besteht aus den Resten verschiedener römischer Türme aus dem Gebiet Bad Hönningens. Die Eingangstür befindet sich in einer Höhe von 1,5 Meter. Im Verteidigungsfall konnte man über einen hölzernen Zugang in den Turm fliehen. Anschließend wurde der Zugang abgebrochen. Entlang des Limes standen in bestimmten Abständen solche Wachtürme, deren Besatzungen durch Lichtsignale miteinander kommunizierten. Im Hönninger Turm ist ein Feuerkorb zu sehen, wie er vermutlich für die Signalgebung genutzt wurde.

Neben dem Turm findet sich die Kopie eines römischen Grabsteins aus dem 1. Jahrhundert n. Chr. Er wurde für den römischen

Soldaten Pintaius errichtet, der einer in Bonn stationierten spanischen Hilfstruppe angehörte. Der Grabstein macht deutlich, dass der Limes von sogenannten Auxiliareinheiten bewacht wurde, während die römischen Legionen etwas zurückversetzt stationiert waren.

In Rheinbrohl wurde 2008 das Erlebnismuseum RömerWelt am Caput Limitis eröffnet. Das Thema des Museums ist der römische Alltag von Soldaten und Zivilisten am römischen Grenzwall. Dieser wird durch eine interaktive Ausstellung und verschiedene Werkstätten deutlich gemacht, in denen römisches Handwerk hautnah vermittelt wird. Außerdem können der Nachbau einer römischen Soldatenunterkunft, eine Pfahlramme und ein Kräutergarten besichtigt werden. Das Museum bietet zwischen März und November zahlreiche Führungen, Workshops und Veranstaltungen an. Ein Höhepunkt sind die im Mai stattfindenden Römertage mit einem Römerlager und zahlreichen Vorführungen und Mitmachangeboten.

Wieder auf der linken Rheinseite, genau gegenüber dem Wachturm von Bad Hönningen, mündet unterhalb der Burg Rheineck der Vinxtbach in den Rhein. Dieser markierte in römischer Zeit die Grenze zwischen den römischen Militärbezirken am Ober- und Niederrhein, später dann zwischen den römischen Provinzen Obergermanien (*Germania Superior*) und Niedergermanien (*Germania Inferior*). Der Name des Baches ist eine Ableitung des lateinischen Begriffes *finis*, was übersetzt Grenze bedeutet.

Terra-Sigillata-Töpferei bei Sinzig

Die Römerstraße verlief vom Vinxtbach weiter bis nach Sinzig, wo sie kurz darauf die Ahr auf einer Holzbrücke überquerte. Zwischen den heutigen Ortschaften Breisig und Sinzig lag in römischer Zeit (östlich der Alten Straße) die einzige Terra-Sigillata-Töpferei in

114

Niedergermanien. Sie bestand allerdings nur für kurze Zeit zwischen 140 und 150 n. Chr., bevor die Töpfer nach Rheinzabern (*Tabernae*) abwanderten, das sich in dieser Zeit zu einem der bedeutendsten Produktionszentren für Keramik entwickelte. Der Ort bot aufgrund seiner verkehrsgünstigen Lage und der örtlichen Rohstoffvorkommen offenbar über bessere Produktionsbedingungen als die Gegend zwischen Breisig und Sinzig.

Terra Sigillata war ein besonders hochwertiges Tafelgeschirr mit einem roten, manchmal auch schwarzem Glanztonüberzug. Dazu

Terra-Sigillata-Kelch

Kelch aus der Werkstatt des Töpfers Perennius in Arezzo/Italien mit der Darstellung der Weinlese und des Mostens (Auspressen) von Trauben

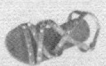

wurde das Geschirr in sehr fein geschlämmten Ton getaucht. Die Handwerksbetriebe, die solches Tafelgeschirr herstellten, versahen dieses in der Regel mit einem Manufakturstempel. Die Herstellung von Terra Sigillata bedurfte besonderer Öfen, in denen Temperaturen bis zu 950 Grad erreicht werden konnten. Der Brennprozess dauerte fünf Tage und durfte in dieser Zeit nicht unterbrochen werden. Die ehemaligen Öfen wurden bereits in den Jahren 1912 und 1913 ausgegraben und archäologisch untersucht.

Das Gebiet zwischen Bad Breisig und Remagen war in römischer Zeit dicht besiedelt und landwirtschaftlich intensiv genutzt. Aufgrund seiner Fruchtbarkeit wurde es als die Goldene Meile bezeichnet. Von den zahlreichen *villae rusticae* entlang des Rheins blieb leider nichts erhalten. Eine dieser Villen befand sich auf dem Burgberg von Sinzig. Die erhaltenen Reste einer *villa rustica* können heute aber noch etwa 15 Kilometer von Sinzig entfernt besichtigt werden. Dort befindet sich in Ahrweiler die römische Villa am Silberberg, die 1980 ausgegraben wurde und seit 1993 Teil des Museums Römervilla ist.

Römervilla in Bad Neuenahr-Ahrweiler

Im Gebiet der heutigen Stadt Sinzig existierten in römischer Zeit vereinzelte landwirtschaftliche Güter. Diese lagen nicht direkt am Rhein, sondern etwas abseits auf einem Hügel. Durch das Mündungsgebiet der Ahr, das aus zahlreichen kleinen Wasserläufen bestand, war das heutige Stadtgebiet weitgehend versumpft.

Von der Via Romana führte ein Weg in das Ahrtal hinauf. Das Tal ist klimatisch begünstigt und im mittleren und unteren Teil noch heute von Weinbergterrassen dominiert.

Im ausgedehnten Waldgebiet südlich der Ahr wurden in der Vergangenheit wiederholt Reste von römischen Siedlungen gefunden, die in Zusammenhang mit der Gewinnung und Verarbeitung von Eisenerz stehen. Dabei handelte es sich um obertägige Anlagen, die

noch heute als Trichtergruben erkennbar sind. Das reichlich vorkommende Brauneisen wurde an diesen Stellen gefördert und in Eisenschmelzöfen verarbeitet.

Im März 1980 wurden beim Bau der Bundesstraße am Fuße des Silberberges die Reste eines römischen Herrenhauses entdeckt, das Teil eines größeren römischen Landgutes war. In den folgenden Jahren wurde das Wohnhaus mit seinem Badetrakt gänzlich frei gelegt und in einen Museumsbau integriert, der 1993 eröffnet wurde.

Das Herrenhaus bestand aus mehreren Räumen, die einen großen zentral gelegenen Raum umschlossen und fast alle mit einer Fußbodenheizung ausgestattet waren. Außerdem waren alle Räume verputzt und farbig ausgemalt. Die Bemalung war von guter Qualität und ist noch heute im Bereich der Sockelzone der Räume zu sehen. Aufgrund des Erhaltungszustandes des Mauerwerks, das teilweise bis zu den Fenstern in 1,5 Meter Höhe reicht, gilt das Herrenhaus als einmalig für das Gebiet nördlich der Alpen. Es konnten architektonische Details festgestellt werden, die über die

Reste der Wandbemalung in der Römervilla in Bad Neuenahr-Ahrweiler

technische Ausstattung solcher Gebäude neue Erkenntnisse ermöglichten. Dazu gehörten beispielsweise Fachwerkwände, Türwangen und -schwellen sowie die vollständig erhaltene Heizungsanlage. Außerdem ein vollständiger Herd mit Backofen.

Das Landgut wurde wahrscheinlich um 260 n. Chr. planmäßig aufgegeben, bevor es einige Zeit später niederbrannte. Der Zentralteil des Herrenhauses wurde um 300 n. Chr. aber noch einmal bewohnt, wobei der große Zentralraum zum Wohnen und ein angrenzender Raum als Werkstatt dienten. Wahrscheinlich endete die Nutzung des Gebäudes dann um die Mitte des 4. Jahrhunderts n. Chr. endgültig.

Das Museum Römervilla kann zwischen Ende März und Mitte November von Dienstag bis Sonntag zwischen 10 und 17 Uhr besucht werden. Jeden Mittwoch um 15 Uhr und jeden Sonntag um 11 Uhr wird eine Führung angeboten. Darüber hinaus können Gruppenführungen und Kindergeburtstage gebucht werden.

Remagen (Rigomagus)

Der Ort kann auf eine zweitausendjährige Geschichte zurückblicken und geht vermutlich auf eine keltische Siedlung zurück. Darauf deutet die Bezeichnung Rigomagus hin. Es wurden Teile einer Holzpalisade gefunden, die aus dem Jahr 6 v. Chr. datieren.

Im Bereich des heutigen Rathauses befand sich ein Kastell, das spätestens 43 n. Chr. angelegt und im Bataveraufstand 69 n. Chr. zerstört wurde. Nach den zunehmenden Germaneneinfällen wurde Remagen im 275/276 n. Chr. zu einer Festung ausgebaut. Die Kastellumwehrung wurde durch eine vorgesetzte 6 Meter hohe und 1,5 Meter breite Mauer verstärkt. Diese diente noch bis in das 14. Jahrhundert als Stadtbefestigung und ist auch heute noch an verschiedenen Stellen in der Stadt in Resten erhalten. Einige davon wurden hinter dem Rathaus konserviert und sichtbar gemacht. Von der Innenbebauung des Kastells liegen einige Kennt-

nisse vor, die durch Ausgrabungen der letzten Jahrzehnte gewonnen wurden. So gab es eine tempelartige Anlage und Wohnhäuser mit Fußbodenheizung. Auf der Kirchstraße, der ehemaligen Lagerhauptstraße *via principalis*, befand sich das *praetorium*, das Wohnhaus des Lagerkommandanten. Außerdem die *principia*, das Hauptverwaltungsgebäude des Lagers.

Östlich des Kastells erstreckte sich die Zivilsiedlung, in der sich die Händler und Handwerker ansiedelten. Außerdem die Familien der Soldaten, die offiziell erst nach Ablauf ihrer 25-jährigen Dienstzeit heiraten durften. Erst im 3. Jahrhundert n. Chr. wurden die strengen Heiratsvorschriften gelockert. Neben Töpferöfen wurden bei Ausgrabungen verschiedene Gräber gefunden.

Römische Sehenswürdigkeiten in Remagen

Praetorium

Beim Bau des katholischen Jugendheims wurden 1914 die Reste eines römischen Hauses gefunden. Dabei handelte es sich um das Wohnhaus des Lagerkommandanten, das *praetorium*. Ein Teil wurde im Keller des neuen Gebäudes erhalten, geriet aber in Vergessenheit und wurde mit der Zeit unter Müll und Brennholz begraben. Erst im Jahr 1997 wurden die Reste des römischen Wohnhauses entschuttet und der Öffentlichkeit zugänglich gemacht.

Erhalten wurden die Grundmauern eines Hauses und die Reste einer Hypokaustenanlage, einer Heizung, die warme Luft unter den Fußboden bzw. hinter die Wandziegel leitete. Das Wohnhaus des Kommandanten verfügte aber nicht nur über eine Heizung, sondern auch über eine eigene Badeanlage, war also vergleichsweise luxuriös ausgestattet.

119

Principia

Die *principia* war das Hauptverwaltungsgebäude des Lagers. In der Regel handelte es sich bei ihr um eine vierflügelige Anlage, die um einen geräumigen Innenhof errichtet wurde. Das Gebäude enthielt mehrere kleine Räume sowie eine große Halle, in der das Fahnenheiligtum aufbewahrt wurde. Unter dem Fahnenheiligtum wurde in der Regel die Truppenkasse aufbewahrt. Von der Halle sind drei Säulen erhalten, die einen Durchmesser von 60 Zentimetern haben, so dass man auf eine Gebäudehöhe von bis zu sieben Metern schließen kann.

Unkel

Zwischen Remagen und Bonn liegt der Unkelstein, ein Basaltfelsen, an dem die Römer im 2. Jahrhundert n. Chr. mit dem Abbruch von Basalt begannen. Das Gestein wurde für Bauten in der gesamten Provinz Niedergermanien verwendet. Um einen geordneten Abbruch, Verladen und Abtransport der Steine zu gewährleisten, wurde am Unkelstein eine Benefiziarierstation angelegt. Außerdem bestand etwas weiter nördlich, auf dem Birgeler Kopf, vermutlich eine kleine Höhenfestung.

Römischer Steinbruch am Drachenfels

Weiter rheinabwärts bestand am Drachenfels ein weiterer römischer Steinbruch. Bereits im 1. Jahrhundert begann römisches Militär dort mit dem Abbau von Trachyt. Unterhalb des Gipfels sind noch heute an verschiedenen Stellen Spuren von Steinbrucharbeiten zu beobachten. Dazu gehören vor allem Keilschrotgräben und Keillöcher. Außerdem sind Ritzzeichnungen der römischen Steinbrucharbeiter, wie beispielsweise ein Phallus und ein Hahn mit Phalluskopf, erhalten.

120

Trachyt war als Beschreib- oder Bildhauermaterial eher ungeeignet. Im 1. Jahrhundert n. Chr. wurde er vor allem für römisches
Mauerwerk in Bonn, Köln und Remagen verbaut. Auch für das
Forum im römischen Xanten wurde Trachyt vom Drachenfels genutzt. Darüber hinaus wurde er für die verschiedensten Bauwerke
entlang des Rheins bis nach Holland verwendet. Im 2. Jahrhundert n. Chr. wurde Trachyt dann auch verstärkt als Inschriftenma-
terial verwendet, entweder weil er in großen Mengen abgebaut
wurde und „günstig zu haben war" oder weil die feinen Sand- und
Kalksteine der Mosel zeitweise schwerer zu beschaffen waren. Im
3. Jahrhundert n. Chr. endete der Steinabbau am Drachenfels und
wurde erst im 11. Jahrhundert für den Bau von Kirchen wieder
aufgenommen.

Römische Hafenanlage in Königswinter

Über den Rhein konnte das Gestein leicht abtransportiert werden.
Dazu wurden die Steine in Königswinter verschifft. Dort sind noch
heute bei extremem Niedrigwasser mehrere hintereinander liegende
Becken zu sehen, die durch den Trachytabbau im Rhein entstanden
sind. Diese wurden später als Hafenbecken genutzt. Die Reste der
Uferbefestigung und eine rechteckige Verlade- und Anlagestelle haben sich ebenfalls erhalten. Allerdings konnte bisher nur ein Becken
eindeutig in römische Zeit datiert werden.

Wie das Gebiet zwischen Bad Breisig und Remagen war auch
das Gebiet zwischen Remagen und Bonn dicht besiedelt und wurde
landwirtschaftlich intensiv genutzt. Wie an der Mosel spielte am
Rhein der Weinanbau eine große Rolle, zwischen Bonn und Köln
auch der Anbau von Hülsenfrüchten, Getreide und Obst. Bonn
selbst gehörte dabei zu einem der wichtigsten militärischen Stützpunkte am niedergermanischen Limes.

Auf dem Godesberg befand sich zwischen dem 3. und 4. Jahrhundert ein römischer *burgus*, eine kleine Festung zur Überwachung
der Rheinstraße und der in das Drachenfelser Ländchen abzwei-

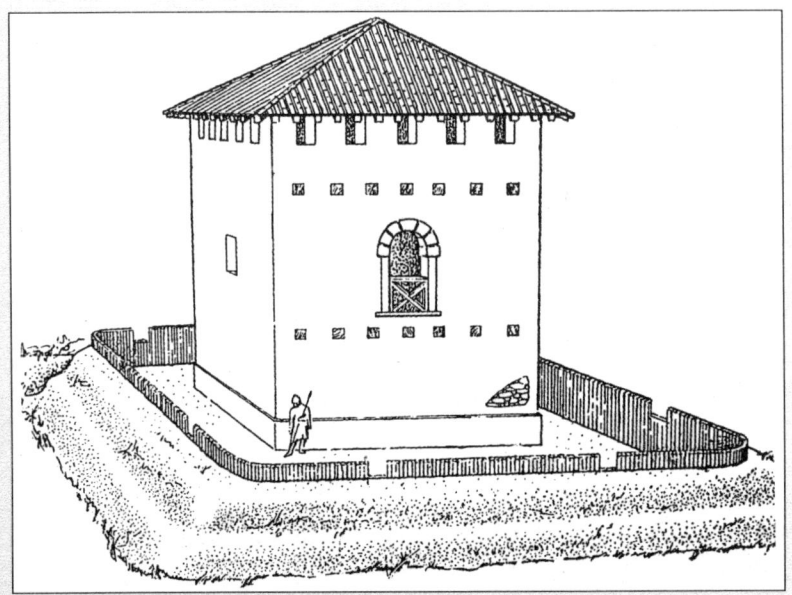

Beispiel eines
römischen Burgus

genden Straße. Die Reste der römischen Befestigung fand man in den 1950er Jahren unter dem mittelalterlichen Bergfried. Dabei handelte es sich um Fundamente, Dachziegel und Keramik.

Bonn (Bonna)

Die Geschichte der Stadt Bonn begann im Jahr 17 n. Chr. mit der Stationierung römischer Truppen aus Gallien und Thrakien auf dem heutigen Stadtgebiet. Dazu hatte man im Bereich des heutigen Minoritenplatzes und Rathauses ein Kastell errichtet, das später von einem Auxiliarlager überbaut wurde. Südlich davon entstand im 1. Jahrhundert n. Chr. eine zivile Siedlung, ein *vicus*. Dabei handelte es sich aber nicht um eine ungeordnete Ansiedlung, sondern um eine planmäßige Besiedlung. Der *vicus* bestand neben reinen Wohnhäusern auch aus Werkstätten wie Ziegeleien und Töpfereien. Man produzierte für das Militärlager, aber auch für die Bewohner der

Umgebung sowie den Reisenden auf der Rheinstraße. Die Reste des *vicus* wurden in der Vergangenheit immer wieder bei Haus- oder Straßenbauten gefunden.

Im Jahr 30 n. Chr. kam es dann allerdings zu einer Neuordnung der militärischen Sicherung des Limes, in deren Zusammenhang Truppen neu stationiert wurden. Dabei wurde etwa einen Kilometer nördlich des Auxiliarlagers ein neues Legionslager angelegt. Bei diesem handelte es sich zunächst noch um einen Holzbau, der nach seiner Zerstörung im Bataveraufstand in Stein wiederaufgebaut wurde und noch bis in das 4. Jahrhundert n. Chr. bestand. Nach der Eroberung des Rheinlandes durch die Franken entstand in dem Lager eine fränkische Siedlung, die allerdings nach einigen Jahrhunderten wieder aufgegeben wurde.

Den Ursprung des mittelalterlichen Bonn bildete nicht das Legionslager oder die römische Siedlung, sondern eine Märtyrerkirche, aus der sich das heutige Münster entwickelte.

Römische Sehenswürdigkeiten in Bonn

Römerkeller im Haus der Geschichte

Der römische *vicus*, der im 1. Jahrhundert n. Chr. südlich des Legionslagers entstand, erstreckte sich an der Römerstraße auf ungefähr zwei Kilometer Länge vor dem Lager. In der Vergangenheit stieß man bei Bauarbeiten entlang der Adenauerallee immer wieder auf die Reste der römischen Siedlung.

Beim Bau des Hauses der Geschichte beispielsweise fand man einen mit Tuffstein gemauerten Kellerraum. Aufgrund seiner Größe und der sorgfältigen Anlage vermutet man, dass es sich bei dem Raum um den Keller einer Taverne handelte. Der Boden des Kellers bestand aus festem Lehm, auf den man eine Sandschicht aufgetragen hatte. Diese diente dazu, den Boden sauber zu halten und Vorratsamphoren sicher aufstellen zu können.

Der Keller kann im Rahmen der Museumsöffnungszeiten besichtigt werden. Er wird durch großformatige Zeichnungen und ein dreidimensionales Modell ergänzt, die einen Eindruck von dem ursprünglichen Aussehen der römischen Häuser und Gärten sowie vom römischen Alltagsleben geben.

Badeanlage unter dem Collegium Albertinum

Im weiteren Verlauf der Römerstraße folgte nach etwa zwei Kilometern nach der römischen Siedlung ein ausgedehnter Verwaltungskomplex mit einem Wohnhaus für den Kommandanten mit einem eigenen Bad. Teile der Badeanlage sind erhalten und können jederzeit besichtigt werden. Dabei handelt es sich um sechs Räume mit einem Kaltwasserbecken und dem Schwitzbad.

Cella Memoriae und Märtyrergruft unter dem Münster

Die Keimzelle des mittelalterlichen Bonn bildet die Münsterkirche. An ihrer Stelle erstreckte sich in römischer Zeit ein Tempelbezirk. Von der ehemaligen Bedeutung der Anlage zeugen heute noch zahlreiche Weihesteine. Bei den Frankeneinfällen des 3. Jahrhunderts n. Chr. wurde alles zerstört. Als Folge der zunehmenden Bedrohung wurden alle Siedlungen außerhalb des Legionslagers aufgegeben und die Bevölkerung zog in den Schutz der Festung. Im ehemaligen Tempelbezirk wurden in der Folgezeit nur noch die Toten bestattet. Im 4. Jahrhundert n. Chr. entstand dort eine *cella memoriae*, eine kleine Gedenkstätte, in der Gedächtnismahle für die Verstorbenen abgehalten wurden. Diese bestand aus zwei blockartigen Tischen und einer an drei Seiten umlaufenden Sitzbank.

In der zweiten Hälfte des 4. Jahrhunderts n. Chr. wurde die *cella* durch ein rechteckiges Kirchengebäude überbaut. Dabei wurden die Grabstätten von vier Heiligen mit eingeschlossen, die als Angehöri-

ge der thebäischen Legion den Märtyrertod erlitten hatten. Aus dieser Keimzelle entwickelte sich ein Stift mit einer Kirche und mehreren Wohn- und Wirtschaftsgebäuden. Dieses entwickelte sich zu einem religiösen und wirtschaftlichen Zentrum, aus dem die heutige Stadt Bonn erwuchs.

Bonner Legionslager

Das Bonner Legionslager hatte eine Fläche von 24 ha und war damit das größte bekannte Einlegionslager. Seine Ausmaße sind auch heute noch gut durch den Verlauf der Straßen in diesem Bereich nachvollziehbar. Im Lager lebten 7000 Soldaten. Es gab Unterkünfte für die Soldaten sowie Wirtschafts- und Verwaltungsgebäude. Außerdem Magazine, Bäder, Lazarette und Stallungen für die Pferde.

In der Spätantike änderte sich die militärische Strategie der Römer und an die Stelle größerer Truppenkonzentrationen traten kleinere bewegliche Einheiten. Im Bonner Lager waren in dieser Zeit nur noch etwa 1000 Soldaten stationiert. Dafür war die Bevölkerung der umliegenden Siedlungen ebenfalls in das Lager gezogen, wo sie Schutz vor den Einfällen der Germanen fanden. Trotzdem wurde die Festung im Jahr 355 erobert und ein Großteil der Bewohner ermordet.

Das Lager konnte von den Römern zwar noch einmal zurückerobert werden, doch im 5. Jahrhundert n. Chr. ging es endgültig in die Hand der Franken über. Diese nutzten das Kastell als Siedlungsort zwar weiter, doch verlor dieser bis um 1000 zunehmend an Bedeutung. In dieser Zeit ging der Name Bonn auf die Siedlung über, die um das Münster herum entstanden war.

Zwischen Bonn und Wesseling

Das klimatisch begünstigte Gebiet zwischen Vorgebirge und Rhein wurde schon von den Römern ausgiebig landwirtschaftlich genutzt.

Es wurden Getreide, Hülsenfrüchte und verschiedene Obstsorten angebaut. Von der großen Bedeutung des Gebiets in römischer Zeit zeugen die zahlreichen archäologischen Kleinfunde, die in der Vergangenheit immer wieder gemacht wurden.

Von Bonn führte die Via Romana im Verlauf der heutigen Kölnstraße und Elbestraße bis nach Hersel, wo es in römischer Zeit eine Siedlung gab, von der vor Ort aber keine Zeugnisse erhalten sind.

Wesseling (Wasliacum)

Die Bezeichnung Wesseling (*Wasliacum*) ist gallo-römischen Ursprungs. Hier entwickelte sich am Knotenpunkt von Via romana und dem über Billig nach Wesseling führenden Abzweig der Agrippastraße eine Siedlung. Es wurden zwar auch Reste von Wall- und Grabenanlagen gefunden, bei denen es sich aber wahrscheinlich um kein festes Militärlager handelte.

In Wesseling wurden in der Vergangenheit wiederholt römische Zeugnisse gefunden. Darunter der Grabstein des Philosophen Quintus Aelius Egrilius Euaretus, Freund und Berater des römischen Statthalters Salvius Iulianus, der nach 151 n. Chr. in Köln residierte. Eine Kopie des Grabsteines ist heute im Rheinpark aufgestellt. Außerdem fand man weitere römische Gräber über das Stadtgebiet verteilt.

Villa rustica in Wesseling-Eichholz

Die *villa rustica* in Wesseling-Eichholz wurde Ende der 1980er Jahre entdeckt, als die Fläche für ein neues Gewerbegebiet erschlossen werden sollte. Bei den folgenden Ausgrabungen fanden sich insgesamt neun Gebäude, darunter Wirtschaftsgebäude, Ställe und Gebäude für Wagen und Geräte. Da sich der römische Gutshof bis auf das Gelände von Schloss Eichholz zieht, konnten dessen Reste nicht abschließend untersucht werden. Es konnte daher

nicht geklärt werden, ob zum Gutshof auch ein Wohnhaus gehörte. Das war bei Gutshöfen in der Nähe von größeren Siedlungen nicht immer der Fall, da die Besitzer manchmal auch direkt in der Stadt wohnten.

Ein Teil des ehemaligen Gutshofes wurde erhalten und für die Öffentlichkeit zugänglich gemacht. Dazu gehört ein aus Sandstein gemauerter Keller, bei dem Lichtnischen und Reste des Zuganges erhalten sind. Dieser wurde durch ein Schutzdach überdeckt. Außerdem können die Grundmauern des zugehörigen Gebäudes besichtigt werden. Dieses bestand aus einer überdachten Halle, die an drei Seiten von Nebengebäuden umschlossen war. Da der Kellerraum stärkere Mauern aufwies als das angrenzende Gebäude, gilt als wahrscheinlich, dass über dem Keller ein turmartiger Bau stand, der den Rest des Gebäudes überragte.

Von Wesseling führte die Via Romana weiter schnurgerade Richtung Norden – durch landwirtschaftlich genutzte Flächen mit den

Römerstraße mit Grabmälern an den Straßenseiten

entsprechenden Villen und Wirtschaftsgebäuden. Bevor die Straße durch die Hohe Pforte in das römische Köln führte, zeigten sich auf den letzten Kilometern rechts und links der Straße die gewohnten Grabmäler der Römer. Ein größeres Gräberfeld fand sich unter der heutigen Kirche St. Severin. Diese geht auf eine erste christliche Kapelle aus dem 4. Jahrhundert n. Chr. zurück, die man auf dem Gräberfeld baute.

In Köln, dem neben Trier wichtigsten Zentrum in Germanien, trafen sich die drei großen und bedeutenden Verkehrsverbindungen des Rheinlandes. Der Reisende hatte die Möglichkeit, der Via Romana weiter nach Norden über Neuss und Xanten bis an die Nordsee zu folgen. Oder er betrat die Via Belgica nach Westen oder die Agrippastraße nach Trier.

5 Von Köln nach Aachen (Via Belgica)

Köln (*Colonia Claudia Ara Agrippinensium*) – Bergheim – Jülich (*Iuliacum*) – Abzweig Zülpich (*Tolbiacum*) – Eschweiler – Stolberg – Aachen (*Aquae Granni*)

Die Via Belgica entstand vermutlich in der Regierungszeit von Kaiser Augustus (27. v. Chr. bis 14 n. Chr.) zu Beginn des 1. Jahrhunderts n. Chr. Sie führte von Köln über Jülich, Tongeren, Maastricht und Bavai bis nach Boulogne-sur Mer. Somit verband sie Köln und das Rheinland mit dem nördlichen Gallien und der Kanalküste. Von dort konnte man per Schiff schließlich bis nach Großbritannien gelangen.

Die Bezeichnung Via Belgica ist, wie auch im Fall der Via Romana, nicht historisch belegt, sondern wurde der Römerstraße erst in unserer Zeit gegeben. Sie leitet sich von der gleichnamigen römischen Provinz ab, durch die die Via Belgica überwiegend verlief. Die alte Römerstraße gehörte zu den drei großen römischen Verkehrswegen im Rheinland. In Anbetracht der Bedeutung der Via Belgica haben sich in der Vergangenheit mehrere Kommunen verpflichtet, die ehemalige Römerstraße in den nächsten Jahren wieder besser sichtbar und vor allem erfahrbar zu machen. In diesem Zusammenhang sind verschiedene bauliche Maßnahmen und eine durchgehende Beschilderung geplant.

Die Via Belgica verließ das römische Köln durch das westliche Stadttor. Ihr weiterer Verlauf außerhalb der Römerstadt entsprach dabei zunächst dem Verlauf der heutigen Aachener Straße. Entlang dieser Straße befanden sich links und rechts römischen Grabstätten, wie es für römische Ausfallstraßen in Köln und anderswo üblich war. Eine der heute noch erhaltenen Anlagen ist die Grabkammer in Köln-Weiden.

129

Grabkammer in Köln-Weiden

Die Grabkammer in Köln-Weiden befand sich etwa neun Kilometer vor der römischen Stadtmauer und gehörte zu einer nahe gelegenen *villa rustica*, wie sie in der unmittelbaren Umgebung von Köln häufig vorkamen. Vermutlich diente die aus dem 2. Jahrhundert stammende Grabkammer mehreren Generationen einer wohlhabenden römischen Gutsbesitzerfamilie als Grabstätte.

Der Zugang zur etwa sechs Meter tiefen Grabkammer erfolgte über eine Treppe aus Tuffstein, der aus dem Brohltal stammte. Sie führte in einen 3,60 x 4,40 Meter großen Raum, der eine Höhe von etwa 4 Metern hatte. Dort befanden sich zahlreiche Nischen, die der Aufnahme von Ascheurnen und Opfergaben dienten. Bei der Untersuchung der Grabkammer im 19. Jahrhundert wurden zahlreiche Kleinstfunde gemacht, die allerdings nach Berlin gebracht wurden und im Zweiten Weltkrieg verloren gingen.

Funde aus dem Römergrab in Köln-Weiden, die bei der Ausgrabung im Jahr 1843 gemacht wurden

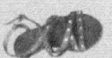

Von der Grabkammer in Weiden verlief die Römerstraße weiter Richtung Westen durch die heutigen Ortschaften Neufreimersdorf und Königsdorf über Frechener Stadtgebiet. Dort wird der ursprüngliche Verlauf der Römerstraße, der heute weniger gut zu erkennen ist, in den nächsten Jahren wieder sichtbar gemacht werden. Im Bereich des Königsdorfer Waldes wird man beispielsweise den Waldparkplatz am östlichen und westlichen Eingang im Sinne einer *mansio*, eines römischen Rastplatzes bzw. einer Herberge, mit Informationspunkt ausgestalten.

Hinter dem Königsdorfer Wald findet sich die Rekonstruktion eines alten römischen Straßenprofils, der die Straßenbauweise der Römer sehr schön deutlich macht. Die römische Straße bestand immer aus mehreren Schichten Baumaterial, wie beispielsweise Kies oder Sand, das in manchen Fällen zu hohen Dämmen aufgeschüttet wurde. Der Verlauf der Via Belgica ist hinter dem Königsdorfer Wald noch heute sehr gut als Straßendamm zu erkennen.

Straßenposten „Heidenburg" in Bergheim

Im heutigen Ortsteil Quadrat-Ichendorf befand sich unmittelbar an der Via Belgica ein Straßenposten, der der Regelung und Sicherung des Verkehrs diente. Dieser Posten war durch einen Graben und eine Wallanlage gesichert. Von der Straße gab es einen Zugang über eine Holzbrücke und einen Gang durch den Wall.

Auf dem Gelände des Straßenpostens existierten mehrere hölzerne Gebäude. Archäologische Ausgrabungen brachten verschiedene Keramikstücke und einige Münzen zu Tage. Die Schlussmünze, also die jüngste gefundene Münze stammt aus der Mitte des 3. Jahrhunderts n. Chr. und wurde unter Kaiser Decius geprägt.

Es wird vermutet, dass die Anlage gegen Ende des 2. Jahrhunderts n. Chr. errichtet wurde. Für diese Zeit kann ein allgemeiner Trend zum Ausbau und stärkeren Befestigung von Straßenposten

131

beobachtet werden. Das könnte wiederum auf eine wachsende Unsicherheit und Gefährlichkeit auf den Straßen der römischen Provinzen zurückgeführt werden.

Westlich des heutigen Quadrath-Ichendorf erreichte die Via Belgica die Erftauen und schließlich die Erft selbst. Hier finden sich wieder Spuren der alten Römerstraße und eine weitere Straßenstation in Kenten. Letzteres zeigt die große Bedeutung der Via Belgica, die als Verbindung nach Gallien und Britannien von großer strategischer Wichtigkeit war. In den 1960er Jahren wurde die Römerstraße archäologisch untersucht. Dabei fand man heraus, dass sie ursprünglich eine Breite von 4,9 Meter hatte und mehrfach neu bekiest worden war. Rechts und links der Straße fand man breitere Sandstreifen, die vermutlich als „Standspuren" für Fuhrwerke gedient hatten.

Nach der Überquerung der Bundesautobahn A1 ist die ehemalige Trasse der alten Römerstraße zwischen Thorr und dem Tagebau Hambach noch sehr gut zu erkennen. Thorr selbst geht vermutlich auf die römische Siedlung Tiberiacum zurück, die sich auf dem Gebiet des Bergheimer Ortsteils befunden haben soll. Dieser Ort bildete einen wichtigen Verkehrsknotenpunkt, da sich die Via Belgica mit einer von Zülpich nach Neuss führenden Straßenverbindung kreuzte.

Abzweig der Römerstraße nach Zülpich (Tolbiacum)

In Thorr bestand eine Straßenverbindung nach Zülpich, durch die die Via Belgica mit der von Trier nach Köln führende Agrippastraße verbunden wurde. Das Gebiet zwischen Thorr und Zülpich ist uraltes Siedlungsland und war bereits in vorrömischer Zeit besiedelt. In römischer Zeit befanden sich dort zahlreiche Landgüter, wie beispielsweise in der Umgebung des heutigen Kerpener Ortsteils Blatzheim.

132

Römischer vicus in Elsdorf

Die Via Belgica verlief von Thorr weiter nach Westen und traf dort im Bereich des heutigen Elsdorf auf eine römische Siedlung. Die Reste dieser Siedlung sind heute noch im Erdboden verborgen, sollen in Zukunft aber zumindest teilweise wieder sichtbar gemacht werden. In den letzten Jahrzehnten wurden auf dem Stadtgebiet von Elsdorf mehrere archäologische Untersuchungen durchgeführt, die die Überreste verschiedener römischer Bauwerke zu Tage brachten. Neben einem gallo-römischen Umgangstempel wurden etwa drei Kilometer südlich der Via Belgica eine *villa rustica* entdeckt, die vermutlich vom 1. bis zum 3. Jahrhundert bestand, bevor sich dort im 4. Jahrhundert Glasmacher ansiedelten. Diese neue Nutzung ausgedienter römischer Landgüter konnte für Elsdorf bisher in sechs Fällen nachgewiesen werden. Neben mehreren Brennöfen wurden zahlreiche Glasfunde gemacht. Im Bereich der oben genannten *villa rustica* wurde ein größeres Gräberfeld mit 52 Bestattungen entdeckt, das etwa zeitgleich mit der Glashütte angelegt wurde. Die Bestattungen dort reichen bis zu Beginn des 5. Jahrhunderts.

Auch der Tagebau bei Elsdorf brachte in der Vergangenheit wiederholt Zeugnisse der römischen Geschichte ans Tageslicht. Dabei handelte es sich, neben verschiedenen, teilweise unversehrt erhaltenen Gläsern aus Elsdorfer Produktion, unter anderem um einen römischen Meilenstein. Dieser stand ursprünglich an der Via Belgica und besitzt eine Inschrift aus dem Jahr 251. Auf dem Stein ist die Entfernung zu Köln mit XIII Leugen angegeben, was etwa 28,8 Kilometern entspricht.

Durch den Hambacher Tagebau wurden aber nicht nur römische Artefakte gerettet, sondern auch unwiederbringlich zerstört, darunter ein längeres Stück der alten Römerstraße. Seit den Aktivitäten um die Regionale 2008 sind Planungen im Gange, die Via Belgica auch in diesem Bereich zukünftig wieder sichtbar zu machen. Momentan ist der ursprüngliche Verlauf der Via Belgica erst

hinter Stetternich wieder gut nachzuvollziehen, da die L 136 bzw. Kölner Landstraße diesen im Wesentlichen bis nach Jülich nachzeichnen.

Jülich (Iuliacum)

Die Stadt Jülich entstand wahrscheinlich in der Mitte des 1. Jahrhunderts n. Chr. Darauf deuten verschiedene archäologische Funde hin, die in den letzten Jahrzehnten gemacht wurden. Die römische Siedlung lag nicht nur am Kreuzungspunkt wichtiger Verkehrsverbindungen, sondern inmitten eines fruchtbaren Landes, in dem die Landwirtschaft eine große Rolle spielte. Die zahlreichen Gutsbesitzer der Umgebung nutzten Jülich, um hier ihre landwirtschaftlichen Produkte zu verkaufen. Auf der anderen Seite beschafften sie sich hier die Dinge, die sie selbst nicht herstellen konnten. Aufgrund dieser Tatsache muss die Siedlung über einen Markt und vermutlich auch über mehrere religiöse und kulturelle Einrichtungen verfügt haben. Dazu gehörten vor allem ein Tempel und ein römisches Bad.

Für die Gründung Jülichs spielte sicherlich die Lage und die Entfernung zu Köln eine große Rolle. Die Stadt lag unmittelbar an der Via Belgica, in unmittelbarer Nähe zu einer Furt durch die Rur, an der der Fluss problemlos überquert werden konnte. Außerdem lag Jülich etwa 30 Kilometer von Köln entfernt, was in römischer Zeit etwa einer Tagesreise entsprach. Dementsprechend war der Ort die erste Etappenstation auf dem Weg nach Boulogne-sur-Mer mit einer auf den Reisenden abgestimmten Infrastruktur.

In Jülich und der näheren Umgebung existierten verschiedene Gewerbestätten und Handwerksbetriebe. Insbesondere Töpfereien sind nachgewiesen sowie Ziegel- und Erzschmelzöfen. Außerdem existierten in Jülich Betriebe für die Schuh- und Textilherstellung. Für die Versorgung dieser Betriebe mit Wasser wurden seit dem 1. Jahrhundert n. Chr. mehrere Leitungen angelegt. Eine dieser Leitungen versorgte zugleich die öffentlichen Thermen der Stadt. Entlang der Straßen in Richtung Köln und Neuss konnten Gräberfel-

134

der ausgemacht werden, die sich über einen halben Kilometer erstreckten.

Bei Bauvorhaben wurden in den letzten Jahrzehnten immer wieder Mauerreste gefunden, die zur ehemaligen römischen Stadtbefestigung gehörten. Diese wurde vermutlich in den ersten Jahren des 4. Jahrhunderts angelegt, in einer Zeit, in der viele römische Siedlungen befestigt wurden. Die Stadtmauer enthielt mehrere, leicht vorgeschobene Rundtürme. Es wird angenommen, dass die römische Stadtmauer noch bis in das 13. Jahrhundert bestand, dann allerdings als Steinbruch genutzt und nach und nach abgetragen worden ist.

Weiterer Verlauf der Via Belgica

Römischer Meilenstein aus der Nähe von Jülich

Von Jülich aus verlief die Via Belgica weiter nach Westen. Die Überquerung der Rur lag allerdings etwas südlich des heutigen Jülich. Von dort führte die Römerstraße zunächst zu der westlich der Rur gelegenen römischen Siedlung Neubourheim, die allerdings bis heute noch nicht ausgegraben wurde. Westlich von Jülich sind bis heute nur noch wenige Reste der Via Belgica erhalten geblieben. Darin wird deutlich, dass die Straße in nachrömischer Zeit stark an Bedeutung verloren hat. Zwischen Koslar und Baesweiler findet sich dafür allerdings auf fünf Kilometern ein archäologisch bedeutsamer Raum. Dort konnte ein römisches Heiligtum sowie eine Trümmerstelle ausgemacht werden,

was auf eine ehemalige römische Besiedlung hindeutet. Nördlich von Baesweiler existierte in römischer Zeit eine Siedlung. Außerdem konnten in der Umgebung der Stadt zwei *villae rusticae* ausgemacht werden.

Abzweig der Römerstraße nach Zülpich (*Tolbiacum*)

Von Jülich aus existierte in römischer Zeit eine Straßenverbindung nach Zülpich. Sie führte durch das Dürener Land, das in römischer Zeit landwirtschaftlich genutzt wurde und dicht mit Gutshöfen (*villae rusticae*) besiedelt war. Außerdem spielte das Töpfereigewerbe eine große Rolle, das – neben den notwendigen natürlichen Voraussetzungen – von der guten Verkehrsanbindung profitieren konnte.

Römischer Töpfereibezirk in Vettweiß-Soller

Etwa acht Kilometer südlich von Düren lag in römischer Zeit ein ausgedehnter Töpfereibezirk. Bei Ausgrabungen in den 1920er Jahren fand man die Reste von insgesamt 13 Töpferöfen sowie die Überreste von Arbeitsräumen, Werkräumen und mehreren Schuppen. Außerdem wurde eine Badeanlage mit Fußbodenheizung und Kanalsystem entdeckt. Die Wasserversorgung der Töpfereibetriebe lief über mehrere Brunnen.

Der untersuchte Bereich gehörte in römischer Zeit zu einem ausgedehnten Töpfereibezirk, der sich über eine Fläche von insgesamt zehn Kilometern erstreckte. In der Gegend von Düren gab es ausreichende Ton- und Lehmvorkommen sowie Wasser und Brennholz, so dass sich hier ein ausgedehntes Töpfergewerbe entwickeln konnte. Der Töpfereibezirk südlich von Düren produzierte für den zivilen Bedarf und versorgte die gesamte Nordeifel. Teilweise gelangten die hergestellten Produkte über den Fernhandel aber sogar bis nach Britannien.

136

Römischer Wasserleitungstunnel in Vettweiß-Soller

Zwischen den heutigen Ortschaften Drove und Soller wurde in römischer Zeit ein Wasserleitungstunnel gebaut, um eine von Süd nach Nord verlaufende Erhöhung von etwa 25 Metern zu überwinden. Diese trennte ein ergiebiges Quellgebiet von einem Gebiet mit Wasserbedarf. Der bis heute erhaltene Tunnel hat eine Länge von über 1600 Metern und eine maximale Tiefe von 26 Metern unter dem Scheitelpunkt der Erhöhung. Der Tunnel selbst diente nicht als wasserführender Kanal. Dieser wurde vielmehr nach der Fertigstellung des Tunnels auf der Sohle des Tunnels gebaut. Noch heute ist der Tunnelverlauf an einer Kette von Trichtern zu erkennen, bei denen es sich um die verfüllten Bauschächte des Tunnels handelt.

Der Wasserleitungstunnel ist das einzige bekannte antike Tunnelbauwerk in Nordrhein-Westfalen und eines der bedeutendsten Bodendenkmäler des Landes.

Römische Wasserleitung in Vettweiß-Soller

Beim Bau der Umgehungsstraße Vettweiß-Soller wurde zu Beginn der 1980er Jahre das Stück einer Wasserleitung gefunden, die vermutlich der Versorgung einer Nähe gelegenen *villa rustica* diente. Die Besonderheit des gefundenen Teilstücks liegt darin, dass es sich dabei um ein etwa 70 x 65 Zentimeter großes Kontrollbecken handelt, das aus Gussbeton gefertigt wurde. Dort konnte die Funktion der Wasserleitung überprüft werden. Die Wasserleitung ist mittlerweile in einem Schutzbau untergebracht und kann von interessierten Besuchern besichtigt werden.

Römischer Tempelbezirk
in Nideggen-Abenden

Abseits der Straße von Jülich nach Zülpich befand sich im 1. und 2. Jahrhundert ein Tempelbezirk zur Matronenverehrung, wie er sich auch an anderen Orten in der Eifel nachweisen lässt. Vermutlich diente er einem größeren Familienverband, der in der Umgebung lebte. Da sich keine Zerstörungsspuren nachweisen lassen konnten, geht man davon aus, dass der Tempelbezirk freiwillig aufgegeben wurde.

Bei einer teilweisen Ausgrabung in den 1980er Jahren wurde das eigentliche Tempelgebäude allerdings noch nicht gefunden. Stattdessen fand man lediglich die Überreste eines Fachwerkgebäudes, das möglicherweise als Schuppen diente. Da zu den römischen Tempelanlagen meist aber auch Lageräume gehörten, geht man davon aus, dass der Schuppen zur Lagerung von Gegenständen diente, die für die Funktion der Tempelanlage wichtig waren.

Römisches Pingenfeld in Nideggen-Berg

Südlich der Ortschaft Berg befanden sich in römischer Zeit mehrere *villae rusticae*, die allerdings weniger von der Landwirtschaft, sondern vielmehr von der Metallgewinnung und –verhüttung lebten. Es wurde Eisenerz abgebaut, das zu Rohbarren geschmolzen und in den Städten und Militärlagern am Rhein weiterverarbeitet wurde.

Von der ehemaligen Bedeutung der Gegend als Ort der Metallgewinnung zeugen heute noch ein ausgedehntes Pingenfeld, Schmelzöfen und Geleisstraßen. Außerdem wurden zahlreiche Abraumhalden entdeckt, die auf die Zeit zwischen dem 2. und 4. Jahrhundert datiert werden konnten.

Abzweig der Römerstraße nach Aachen
(*Aquae Granni*)

Neben der Verbindung nach Zülpich existierte in Jülich ein weiterer Abzweig der Via Belgica, der über Eschweiler und Stolberg nach Aachen führte. Die Region war bereits in römischer Zeit ein bedeutendes Bergbaugebiet.

Bergbau und *villa rustica* in Eschweiler-Hastenrath

In Eschweiler-Hastenrath sind heute noch zahlreiche Pingen erhalten, die durch den Erztagebau der Römer entstanden sind. Ein Teil der Pingen wurde allerdings später durch den neuzeitlichen Untertageabbau wieder zugeschüttet.

Südwestlich des Ortes wurden Anfang der 1980er Jahre die Reste einer *villa rustica* ausgegraben. Das Gebäude besaß mehrere beheizbare Räume und konnte aufgrund der gefundenen Keramik auf das 1. bis 3. Jahrhundert datiert werden. Auch im Umfeld der Villa wurde ein Pingenfeld gefunden, so dass angenommen werden kann, dass sich die Besitzer der Villa weniger mit der Landwirtschaft, sondern vielmehr mit der Metallgewinnung und -verarbeitung beschäftigten.

Pingenfeld in Stolberg-Breinigerberg

Die von Jülich nach Aachen verlaufende Straße führte von Eschweiler kommend weiter durch den Stolberger Raum. Dieser kennzeichnete sich durch reiche Erzlagerstätten. Neben Zink, Blei, Kupfer konnte hier auch Eisen abgebaut werden. Durch die Straßenverbindung über Jülich nach Köln konnten die Erze und Fertigprodukte aus dem Stolberger Raum an den Rhein und von dort weiter in entlegenere Gebiete des Römischen Reiches transportiert werden.

Auf dem Schlangenberg östlich von Breinigerberg wurde seit dem 1. Jahrhundert n. Chr. Galmei (Zink) abgebaut. Darauf deuten die heute noch sichtbaren Pingen, also eingestürzte und verfüllte Schächte und Stollen, hin. Der Galmei wurde von den römischen Bergarbeitern sowohl über Tage als auch unter Tage abgebaut. Er diente der Messingindustrie der gesamten Provinz Niedergermaniens als wichtiger Rohstoff.

Im heutigen Breinigerberg befand sich an der Straße nach Kornelimünster auf beiden Straßenseiten seit dem 1. oder 2. Jahrhundert n. Chr. eine Siedlung, in der die Bergarbeiter und Metallgießer lebten. Sie bestand aus mehreren langgestreckten Häusern mit kleinen Werkstätten, von denen leider bis heute nichts mehr erhalten blieb. Die Siedlung deutet darauf hin, dass es im Stolberger Raum zu dieser Zeit eine relativ große und gut organisierte Bergbautätigkeit und Metallverhüttung gab.

Bergbau in Stolberg-Büsbach

Auch auf dem Brockenberg, südöstlich von Büsbach, wurde im 1. und 2. Jahrhundert n. Chr. unter Tage Zink abgebaut. Das zeigt sich in den heute noch sichtbaren Ringschächten. Wie in Breinigerberg gab es auch in Büsbach, unmittelbar am Brockenberg, eine Bergbausiedlung.

Weitere Spuren des römischen Bergbaus im Stolberger Raum finden sich am Westrand von Münsterbusch. Die dort noch vorhandenen Pingen sind zwar weitgehend planiert, allerdings noch immer zu erkennen. In Münsterbusch wurde in römischer Zeit Steinkohle abgebaut, die der Stolberger Metalverhüttung wohl als Brennmaterial diente. Darüber hinaus ist bekannt, dass die Steinkohle aus der Region Stolberg im 2. und 3. Jahrhundert n. Chr. bis an den Rhein transportiert und schließlich bis nach Neuss und Bonn verschifft wurde.

Aachen (*Aquae Granni*)

Von Stolberg kommend erreichte der Abzweig der Via Belgica schließlich Aachen, bevor die Straße nach Nordosten abbog und schließlich bei Maastricht (*Traiectum*) wieder auf die Via Belgica traf. Eine weitere Straßenverbindung führte von Aachen nach Lüttich (*Leodicum*).

Das heutige Stadtgebiet von Aachen war aufgrund seiner Höhenunterschiede von etwa 100 Metern für größere Siedlungen eher ungeeignet. Dass man diesen Ort trotzdem für eine Siedlung wählte, lag in erster Linie an den Thermalquellen, die im Bereich der heutigen Innenstadt entspringen. Eine zweite Quelle im heutigen Stadtteil Burtscheid führte bereits in römischer Zeit zur Anlage von Heilthermenbauten. Diese wurden in erster Linie von den niedergermanischen römischen Truppen genutzt. Aufgrund des Badebetriebs nahm die römische Siedlung im 1. Jahrhundert einen gewissen Aufschwung, der dazu führte, dass die anfänglichen Holz- und Fachwerkbauten durch repräsentativere Bauten aus Stein ersetzt wurden. Außerdem wurde ein regelmäßiges Straßensystem angelegt und verschiedene Kultbauten errichtet. In dieser Zeit entstand am Rand der römischen Siedlung auch ein größerer Bezirk, in dem sich

Reste eines Säulenganges, der ursprünglich zu einem 3000 m² großen Kultbezirk in Aachen gehörte

die feuergefährlichen Gewerbe niederließen, darunter Töpfereien und Glasmacherwerkstätten.

Im 3. Jahrhundert wurde Aachen belagert und zerstört, so dass sich die Bevölkerung schließlich auf einen kleinen befestigten Bereich der Stadt zurückzog. Gegen Ende des 4. Jahrhunderts wurde die römische Verwaltung der Stadt schließlich aufgegeben und alle Truppen abgezogen. Allerdings blieb der Ort weiter bewohnt.

142

III Anhang

Kleines Architektur-Glossar

Amphitheater
Rundtheater ohne geschlossenes Dach mit stufenartig ansteigenden Sitzreihen. Amphitheater dienten in römischer Zeit für Gladiatoren- und Tierkämpfe, Theateraufführungen und Sportwettkämpfe.

Aquädukt
Wasserleitung, die Quellwasser ebenerdig über eine Brückenkonstruktion oder durch einen Tunnel zum gewünschten Ziel führte.

Basilika
Bezeichnung für einen antiken Hallenbau, der als Markt-, Gericht- oder Versammlungsraum genutzt wurde. Bereits in antiken Basiliken kamen Apsiden vor, halbkreisförmige Räume, die der Aufstellung von Herrscherbildern dienten.

Benefiziarierstation
Polizeiposten an einer römischen Straße. Dort überwachten Benefiziarier, d.h. eigens für eine bestimmte Zeit abkommandierte Soldaten, die Sicherheit des Personen- und Warenverkehrs.

Brunnenstube

Einfassung einer Quelle zur Gewinnung von Trinkwasser. Das Wasser floss in der Brunnenstube durch gemauerte Steine in ein Wasserbecken, wo sich die mitgeführten Feststoffe absetzen konnten. Von dort wurde das Wasser anschließend durch eine Wasserleitung zum Ziel geführt.

Cella memoriae

Ein kleines Gebäude, das als Gedächtnisstätte in der Nähe einer Grabstätte diente. In der *cella memoriae* wurden Totenfeiern abgehalten und Gedenkgaben für die Verstorbenen platziert.

Colonia

Eine städtische römische Siedlung mit einer besonderen rechtlichen Stellung. Die Bewohner der Kolonie besaßen das römische Bürgerrecht. Kolonien dienten häufig der Ansiedlung von ausgedienten römischen Soldaten.

Gallo-römischer Umgangstempel

Ein besonderer Typ von Tempel, der hauptsächlich in den gallischen und germanischen Provinzen des Römischen Reiches vorkam. Er bestand meist nur aus einem Raum, der durch einen überdachten Säulengang umschlossen war.

Grabtumulus

Eine runde oder rundliche Erdaufschüttung, in der sich eine oder mehrere Grabstätten befinden. Dabei können es sich um Körper- oder Urnengräber handeln. Grabtumuli kamen in unterschiedlichen Größen vor. Sie konnten mehrere Meter hoch sein und einen Durchmesser von über 100 Metern erreichen.

Hypokaustanlage

Eine Heizung, bei der heiße Luft erzeugt wurde, die anschließend in Hohlräume unter dem Boden und in die Wände geleitet wurde. Die Erzeugung der heißen Luft erfolgte außerhalb des Hauses.

Kastell

Bezeichnung für ein befestigtes römisches Militärlager. Kastelle wurden häufig als Holz-Erde-Kastelle angelegt und nur die wichtigsten Gebäude in Steinbauweise errichtet. Es gab aber auch reine Steinkastelle.

Kelteranlage

Eine Anlage mit einer Presse zur Gewinnung von Traubensaft zur Weinherstellung. Erst in der Römerzeit wurde das Auspressen von Weintrauben mit den Füßen durch den Einsatz von Holzpressen abgelöst.

Limes

Bezeichnung für die von den Römern vom 1. bis zum 4. Jahrhundert angelegten Grenzwälle. In Deutschland ist mit Limes meist der obergermanisch-raetische Limes gemeint, der die Grenze des Römischen Reiches zwischen Rhein und Donau sichern sollte.

Mansio

Bezeichnung für einen Rastplatz oder eine Herberge. *Mansiones* befanden sich entlang römischer Fernstraßen im Abstand von jeweils einer Tagesreise.

Matronenheiligtum

Heiligtum zur Verehrung der Matronen. Dabei handelte es sich um Fruchtbarkeits- und Muttergottheiten. Der Matronenkult war insbesondere im Rheinland weit verbreitet und führte zum Bau von Tempeln und zur Aufstellung von zahlreichen Matronensteinen.

Mutatio

Eine Wechselstation für Pferde und andere Zugtiere, die sich in regelmäßigen Abständen entlang der Fernstraßen befanden. Sie waren häufig mit einer *mansio* (Raststätte, Herberge) verbunden.

Oppidum

Eine befestigte stadtartige Siedlung ohne besondere rechtliche Stellung. Auch entsprechende Siedlungen der Gallier oder Germanen wurden von den Römern als *oppidum* bezeichnet.

Palatiolum

Eine festungsartige Villenanlage in Trier-Pfalzel, die der Gemeinde ihren Namen gegeben hat. Im Gegensatz zum Palatium, der kaiserlichen Residenz in Trier, war die Anlage in Pfalzel zwar kleiner, aber ebenfalls sehr repräsentativ gestaltet.

Pfahljochbrücke

Eine Brücke, bei der die Fahrbahn auf Pfählen ruht, die quer zur Brücke in den Flussboden gerammt wurden.

Pingenfeld

Ein Feld mit trichterförmigen Vertiefungen, die durch Bergbautätigkeit, genauer durch den Einsturz alter Tiefbaugruben, entstanden sind. Pingenfelder finden sich häufig im Aachener Raum und deuten auf eine rege Bergbautätigkeit in römischer Zeit hin.

Praetorium

Der Begriff bezeichnete ursprünglich das Zelt des Befehlshabers in einem Legionslager. In späterer römischer Zeit wurde der Begriff auf den Sitz eines Oberbefehlshabers oder Statthalters einer Provinz übertragen.

Römerkanal

Bezeichnung für die fast 100 Kilometer lange römische Wasserleitung, die aus der Eifel bis nach Köln führte. Sie gilt als eine der längsten Wasserleitungen des Römischen Reiches und größtes antikes Bauwerk nördlich der Alpen.

Römerwarte

Bezeichnung für die größte spätrömische Höhenbefestigung in Eifel und Hunsrück. Sie diente als Fliehburg für die in der näheren Umgebung lebende Bevölkerung.

Streifenhaus

Ein in den römischen nordwestlichen Provinzen häufig vorkommender Häusertyp. Dieser war vergleichsweise schmal und reichte giebelständig bis an die Straße. Dadurch wurde möglichst vielen Häusern ein Zugang zur Straße ermöglicht. Streifenhäuser konnten bis zu 40 Meter lang sein.

Terra-Sigillata-Manufaktur

Gewerbebetrieb, der sich mit der Herstellung von römischem Tafelgeschirr beschäftigte. Bei *Terra Sigillata* handelte es sich um glänzend rot überzogenes Geschirr. Die besondere Färbung entstand durch die Verwendung von sehr eisenhaltigem Ton. Der Glanz kam dadurch zustande, dass die Gefäße in sehr fein geschlämmten Ton getaucht wurden.

Therme

Bezeichnung für ein großes öffentliches römisches Bad. Thermen bestanden aus mehreren Räumen. Die wichtigsten waren das *caldarium*, das Heißwasserbad, das *tepidarium*, ein warmer Raum, meist ohne Becken und das *frigidarium*, das Kaltwasserbad. Die großen Thermen besaßen zudem noch kleine Läden, Bibliotheken, Gärten und Sportanlagen.

Vicus

Eine römische Siedlung, die in ihrer Größe von einer Ansammlung mehrerer Häuser bis zu einer regelrechten Stadt reichen konnte. Sie entstand meist an verkehrsgünstigen Orten oder in der Nähe von größeren Rohstoffvorkommen. Römische *vici* besaßen in der Regel einen starken gewerblichen Charakter. Häufig fanden in ihnen Märkte für die landwirtschaftlichen Güter in der Umgebung statt.

Villa rustica

Bezeichnung für ein römisches Landgut. Es bestand meist aus einem Hauptgebäude sowie mehreren Wirtschafts- und Nebengebäuden, die alle innerhalb eines ummauerten Hofs gelegen waren.

Villa urbana

Ein luxuriöses ländliches Anwesen, das reichen römischen Familien als Sommersitz diente. Die landwirtschaftliche Funktion trat hier in den Hintergrund. Stattdessen war die *villa urbana* mit allem städtischen Komfort ausgestattet.

Ortsregister
(deutsch-lateinisch) und
Sehenswürdigkeiten

Der Autor

Der in Köln lebende Autor Thomas Schiffer, Jahrgang 1972, studierte Geschichte und Philosophie in Köln, Hagen und Bochum. Nach seinem Studium war er für verschiedene Museen tätig und arbeitete nebenberuflich als Stadtführer in Köln und der näheren Umgebung. Dabei brachte er Gästen und Einheimischen die Geschichte der Stadt Köln sowie des Bergischen Landes und der Eifel nahe. Seit einigen Jahren arbeitet er als freier Ausstellungsmacher und Museumspädagoge zu verschiedenen kulturhistorischen Themen. Die Geschichte des Rheinlandes und der Eifel gehören dabei zu seinen Arbeitsschwerpunkten.

Museen zur römischen Geschichte

LVR-Landesmuseum Bonn

Colmantstraße 14-16
53115 Bonn
Telefon: 0228/2070-0
Fax: 0228/2070-299
Email: info@landesmuseum-bonn@lvr.de
Internet: www.rlmb.lvr.de

Öffnungszeiten:
Dienstag bis Freitag, Sonntag von 11 bis 18 Uhr
Samstag von 13 bis 18 Uhr

Das Landesmuseum zeigt in seiner Ausstellung anhand zahlreicher Fundstücke die Geschichte des Rheinlandes von der Altsteinzeit bis heute. Die Ausstellung ist nach Epochen und Themen gegliedert. Zu den bedeutendsten Ausstellungsobjekten aus römischer Zeit gehört der Caelius-Stein, der einzige archäologische Beleg für die berühmte Varusschlacht im Jahr 9 n. Chr.

Neben der Dauerausstellung und regelmäßig stattfindenden Sonderausstellungen gehört die Vermittlung rheinischer Geschichte durch ein museumspädagogisches Programm zu den Tätigkeitsfeldern des Museums. In Workshops können Kinder beispielsweise römische Öllämpchen und Spielsteine anfertigen.

154

Rheinisches Landesmuseum Trier

Weimarer Allee 1
54290 Trier
Telefon: 0651/9774-0
Fax: 0651/9774-222
Email: landesmuseum-trier@gdke.rlp.de
Internet: www.landesmuseum-trier.de

Öffnungszeiten:
Dienstag bis Sonntag von 10 bis 17 Uhr

Das Rheinische Landesmuseum in Trier gehört zu den bedeutend-sten archäologischen Museen in Deutschland. Es zeigt zahlreiche bedeutende römische Funde aus Trier und der gesamten Region. Neben den Pfählen der ersten Trierer Römerbrücke oder Teilen der Ausstattung der Barbarathermen werden dem interessierten Besu-cher das Neumagener Weinschiff und mehrere römische Mosaike präsentiert. Neben der Sammlung und Präsentation römischer Fundstücke gehört die archäologische Denkmalpflege seit 1877 zu den Aufgaben des Museums. So stammt der überwiegende Teil der aktuellen Sammlung aus eigenen Ausgrabungen.

Das Museum bietet ein umfangreiches Programm aus Führun-gen, Workshops und Vorträgen. Für Kinder werden unter anderem die Herstellung von Papiermosaiken und die Teilnahme an einer Gladiatorenschule angeboten.

Römisch-Germanisches Museum Köln

Roncalliplatz 4
50667 Köln
Telefon: 0221/221-24438
Fax: 0221/221-24030
Email: roemisch-germanisches-museum@stadt-koeln.de
Internet: www.museenkoeln.de

Öffnungszeiten:
Dienstag bis Sonntag 10 bis 17 Uhr
Jeden ersten Donnerstag im Monat 10 bis 22 Uhr

Das Museum entstand 1946 aus der Römischen und Germanischen Abteilung des Wallraf-Richartz-Museums. Der heutige Museumsbau wurde im Jahr 1974 errichtet und steht auf den Mauern einer im Jahr 1941 entdeckten römischen Stadtvilla mit dem berühmten Dionysos-Mosaik. Das Museum ist zugleich das Amt für Archäologische Bodendenkmalpflege der Stadt Köln. In dieser Funktion betreut das Museum im Rahmen des Baus der Nord-Süd-Stadtbahn das größte Ausgrabungsfeld Europas.

Das Römisch-Germanische Museum bewahrt das archäologische Erbe der Stadt Köln und ihres Umlandes von der Urgeschichte bis zum frühen Mittelalter. Ein Schwerpunkt der Sammlung ist die Darstellung des römischen Alltagslebens. Das Museum besitzt eine umfangreiche Sammlung römischer Gläser, eine Sammlung antiker Tonlampen sowie römischen und frühmittelalterlichen Schmuck.

Das Vermittlungsprogramm liegt in den Händen des Museumsdienstes der Stadt Köln. Es werden Vorträge, Führungen und Workshops angeboten. Für Kinder können verschiedene Angebote zum Alltagsleben im römischen Köln gebucht werden.

Literaturverzeichnis

Bergk, Theodor: Zur Geschichte und Topographie der Rheinlande in römischer Zeit. Wiesbaden 1968.

Bringmann, Klaus: Römische Geschichte. Von den Anfängen bis zur Spätantike. München 2004.

Cech, Brigitte: Technik in der Antike. Stuttgart 2010.

Christ, Karl: Die römische Kaiserzeit. Von Augustus bis Diokletian. München 2001.

Cüppers, Heinz: Die Römer in Rheinland-Pfalz. Hamburg 2005.

Cüppers, Heinz: Die Römer an Mosel und Saar: Zeugnisse der Römerzeit in Lothringen, in Luxemburg, im Raum Trier und im Saarland. Mainz 1983.

Grewe, Klaus: Meisterwerke antiker Technik. Darmstadt 2010.

Grewe, Klaus: Auf Römerspuren rund um Rheinbach. Neuss 2001.

Hartung, Hans Rudolf: Die Römer in Nettersheim: Kurzführer zu den archäologischen Denkmälern. Köln 1978.

Heinz, Werner: Reisewege der Antike. Unterwegs im Römischen Reich. Stuttgart 2003.

Horn, Heinz Günter: Agrippastraße Köln-Trier. Teilstrecke Nettersheim. Von Serpentinen, Tempeln und Wachstationen. Köln 2011.

Horn, Heinz Günter: Die Römer in Nordrhein-Westfalen. Stuttgart 1987.

Jehne, Martin: Caesar. München 2008.

Klee, Margot: Lebensadern des Imperiums. Stuttgart 2010.

Kuhnen, Hans-Peter: Das römische Trier. Stuttgart 2010.

Landschaftsverband Rheinland (Hg.): Via Romana am Rhein. Spuren der Römer in der Geschichte. Regensburg 2007.

Otto, Gerd: Auf den Spuren der Römer in der Osteifel. Erfurt 2009.

Schneider, Helmuth: Geschichte der antiken Technik. München 2007.

Schönhofen, Werner: Auf den Spuren der Römer im Rheinland. Stuttgart 1987.

Signon, Helmut: Die Römer zwischen Köln, Bonn und Trier. Frankfurt am Main 1977.

Sterzl, Anton: Der Untergang Roms an Rhein und Mosel: Krise, Katastrophe und Kompromiß im zeitgenössischen Denken. Köln 1978.

Ternes, Charles-Marie: Die Römer an Rhein und Mosel: Geschichte und Kultur. Stuttgart 1975.

Uelsberg, Gabriele (Hg.): Krieg und Frieden. Kelten – Römer – Germanen. Darmstadt 2007.

Wolff, Gerta: Das römisch-germanische Köln. Köln 2000.

Wolters, Reinhard: Die Römer in Germanien. München 2011.

Bildnachweis

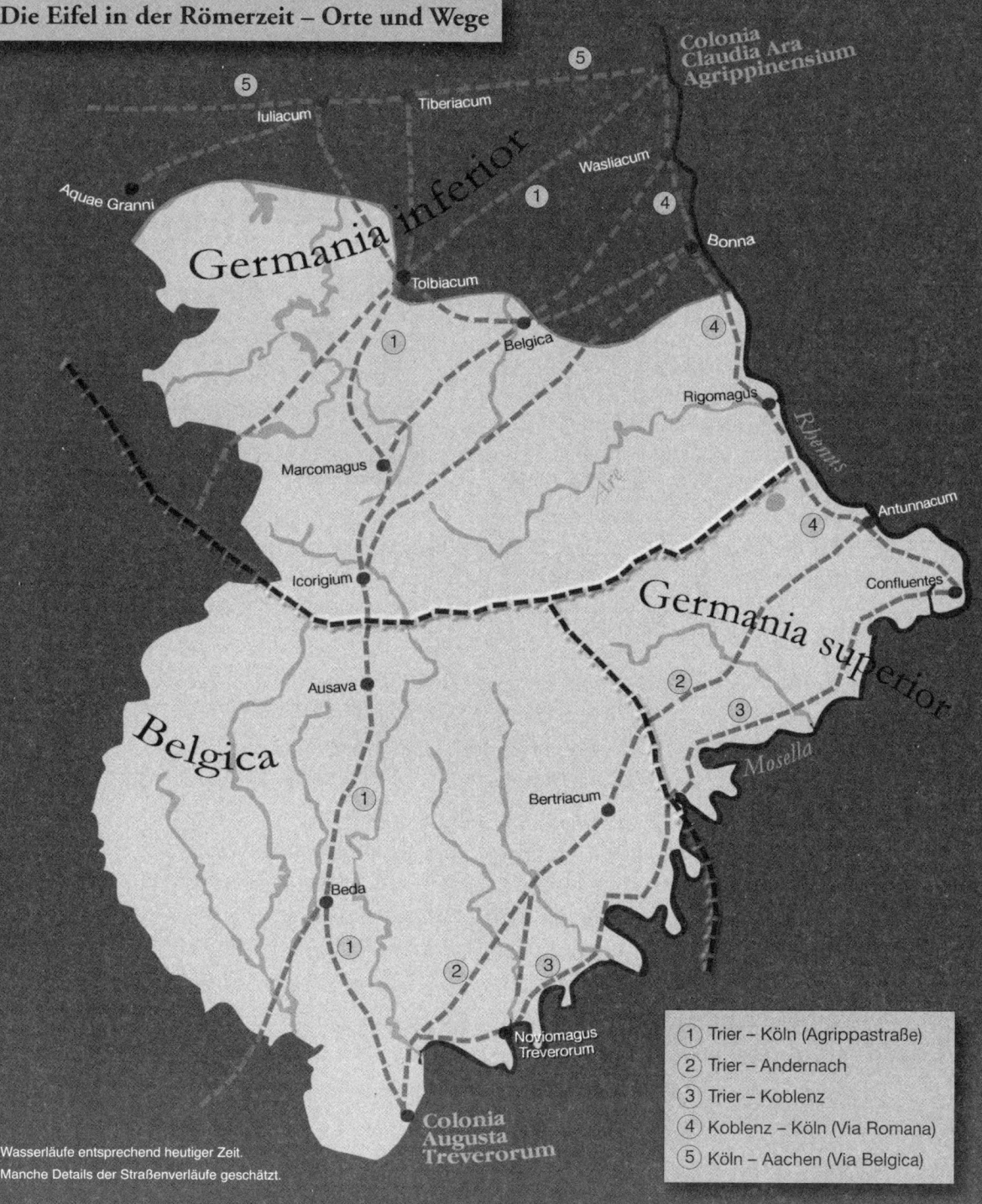

Die Eifel in der Römerzeit – Orte und Wege

Colonia
Claudia Ara
Agrippinensium

Iuliacum

Tiberiacum

Wasliacum

Aquae Granni

Germania inferior

Tolbiacum

Belgica

Bonna

Rigomagus

Rhenus

Marcomagus

Are

Antunnacum

Icorigium

Confluentes

Germania superior

Ausava

Belgica

Mosella

Bertriacum

Beda

Noviomagus
Treverorum

Colonia
Augusta
Treverorum

① Trier – Köln (Agrippastraße)
② Trier – Andernach
③ Trier – Koblenz
④ Koblenz – Köln (Via Romana)
⑤ Köln – Aachen (Via Belgica)

Wasserläufe entsprechend heutiger Zeit.
Manche Details der Straßenverläufe geschätzt.

Ebenfalls im Programm des Regionalia Verlages:

„Eindrucksvoll, außergewöhnlich, wertvoll"

Dr. Alois Döring (Hrsg.)
Die Eifel in frühen Fotografien
144 Seiten, Format: 24 x 24 cm, € 14,95
Hardcover mit Schutzumschlag
2. Auflage, ISBN 978-3-939722-37-3

Ein hochwertiger, großformatiger Bildband zu einem tollen Preis. Herausgegeben und mit einer Einführung versehen von Dr. Alois Döring vom LVR – Institut für Landeskunde und Regionalgeschichte, Bonn.

„Zahlreiche Szenen, die das Alltagsleben in der Region dokumentieren"
(Aachener Nachrichten)

„Wie der harte Alltag in der Eifel anno dazumal ausgesehen hat, dokumentiert dieser Bildband auf eindrucksvolle Weise." (General-Anzeiger, Bonn)

„Hinter jedem einzelnen Bild verbirgt sich eine ganze Geschichte."
„Ähnlich einzigartig wie die 160 historischen, zum Teil erstmals veröffentlichten Fotografien ist auch dieser opulente Bildband." (Kölner Stadtanzeiger)

„Alois Döring als profunder Kenner der Alltagskultur in der Eifel und ihrer Menschen zeigt das einstige Leben in faszinierenden Bildern … Ein ebenso interessanter wie wertvoller Bildband" (Rhein-Zeitung, Koblenz)

„Eine außergewöhnliche Auswahl an historischen Fotografien der Eifel"
(Trierischer Volksfreund)